"中国劳模"系列丛书

U0628733

航空地面的守护人

李冬凉

吕天媛◎著

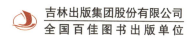
吉林出版集团股份有限公司
全国百佳图书出版单位

图书在版编目（CIP）数据

航空地面的守护人：李冬凉 / 吕天媛著. -- 长春：
吉林出版集团股份有限公司，2024.9. --（"中国劳模"
系列丛书 / 徐强主编). -- ISBN 978-7-5731-5454-5

Ⅰ. K826.16

中国国家版本馆CIP数据核字第2024DK4481号

HANGKONG DIMIAN DE SHOUHU REN: LI DONGLIANG

航空地面的守护人：李冬凉

出 版 人　于　强
主　　编　徐　强
著　　者　吕天媛
组稿统筹　东北师范大学文学院创意写作研究中心
责任编辑　李　鑫
装帧设计　崔成威

出　　版　吉林出版集团股份有限公司
发　　行　吉林出版集团社科图书有限公司
地　　址　吉林省长春市南关区福祉大路5788号　邮编：130118
印　　刷　唐山富达印务有限公司
电　　话　0431-81629711（总编办）
抖 音 号　吉林出版集团社科图书有限公司　37009026326

开　　本　710 毫米 × 1000 毫米　1 / 16
印　　张　8.25
字　　数　90 千字
版　　次　2024 年 9 月第 1 版
印　　次　2024 年 9 月第 1 次印刷

书　　号　ISBN 978-7-5731-5454-5
定　　价　50.00 元

如有印装质量问题，请与市场营销中心联系调换。0431-81629729

序　言

　　劳动创造财富，劳动创造幸福，劳动创造未来。习近平总书记在 2020 年全国劳动模范和先进工作者表彰大会上的讲话中指出："全社会要崇尚劳动、见贤思齐，加大对劳动模范和先进工作者的宣传力度，讲好劳模故事、讲好劳动故事、讲好工匠故事，弘扬劳动最光荣、劳动最崇高、劳动最伟大、劳动最美丽的社会风尚。"当今世界，综合国力的竞争归根到底是科技人才和高素质劳动者的竞争。改革开放以来，我们强大的工人队伍用辛勤劳动和拼搏奉献推动中国制造、中国智造、中国创造走向世界的前列，新时代的中国面貌日新月异。大力弘扬劳模精神、劳动精神、工匠精神，加强高素质技能人才队伍建设，打造一支宏大的知识型、技能型、创新型劳动者队伍是伟大时代赋予我们的历史责任。

　　劳动模范是民族的精英、人民的楷模，是共和国的功臣。自改革开放以来，广大职工勇立改革潮头，独立自主，奋发图强，勇于创新，其中涌现出一批批全国劳模和大国工匠，他们参与建设了代表中国高度、中国速度、中国深度的一系列重大工程，提升了国家实力，打造了"中国名片"，树立了"中国品牌"，增添了"中国力量"，充分释放出工人阶级的创新活力，展示出大国工匠强大的创造能力。他们以工人阶级的满腔热忱在各自平凡的工作岗位上创造了辉煌的业绩，书写了新时代的壮丽篇章。

爱岗敬业、争创一流、艰苦奋斗、勇于创新、淡泊名利、甘于奉献的劳模精神，崇尚劳动、热爱劳动、辛勤劳动、诚实劳动的劳动精神和执着专注、精益求精、一丝不苟、追求卓越的工匠精神，是广大劳动群众在社会生产实践中锤炼形成的弥足珍贵的精神财富，是工人阶级伟大品格的具体体现，是民族精神和时代精神的生动体现。民族复兴需要劳动模范，祖国强盛需要大国工匠，中国制造、中国智造、中国创造更需要大国工匠的强有力支撑。劳模、工匠等的成长故事、先进事迹中承载的劳模精神、劳动精神和工匠精神，是激励全国各族人民团结奋斗、勇往直前的强大精神力量。

"中国劳模"系列丛书，采用图文结合的方式，讲述全国劳模、大国工匠和先进工作者的成长经历及他们追梦、筑梦、圆梦的故事，用他们在平凡岗位上创造不平凡业绩的真实故事感染读者，形成劳动最光荣、劳动最崇高、劳动最伟大、劳动最美丽的社会风尚，引导广大技术工人和青少年形成劳动光荣、技能宝贵、创造伟大的观念。

"匠心筑梦，强国有我。"新时代是一个万象更新、生机勃勃的时代，也是一个继往开来、创新创业和建功立业的大时代。希望广大读者能以劳动模范为榜样，以大国工匠为楷模，立志技能报国、技术强国，踔厉奋发，勇毅前行，锤炼思想品格，汲取劳动智慧，勇于担当、勤于钻研、甘于奉献，为推进新型工业化和乡村振兴，为加快建设制造强国、质量强国、航天强国、交通强国、网络强国、数字中国、农业强国，全面建设社会主义现代化国家贡献青春力量。

高凤林

中华全国总工会副主席（兼）

中国航天科技集团有限公司第一研究院

211 厂 14 车间高凤林班组组长

2022 年 11 月

扫码解锁

◎群英颂歌 ◎双料大师
◎筑梦航空 ◎奋斗底色

传主简介

　　李冬凉，1961年出生于内蒙古自治区乌兰察布市化德县。参与上山下乡运动时，对拖拉机的热爱让他和机械结下了不解之缘。李冬凉在机械上的天赋为他赢得了学习开汽车的机会。在学习期间，他表现优异，深受师傅喜欢，后经师傅介绍转行进入地质队工作。在地质队的十余年间，他辛勤耕耘，凭借对机械的深刻理解和精湛技艺，收获了同事们的赞誉。后来，他被调到内蒙古民航机场集团（原民内蒙古自治区民用航空管理局），成为一名职工班车司机。李冬凉和民航的故事便从这里开始了。在职期间，李冬凉曾任车管科副科长，后又担任民航汽车修理厂厂长。2006年，因出色的工作能力，李冬凉被任命为内蒙古空港地面服务有限责任公司站坪部经理。对于李冬凉来说，他的工作轨迹不仅是一段职业历程，更是一段创新创造的历程。岁月如歌，李冬凉在民航行业中不断突破自我，他的努力与付出也得到了更多人的认可。

2016年，李冬凉荣获全国五一劳动奖章；

2019年，李冬凉荣获"北疆工匠"称号；

2020年，李冬凉荣获内蒙古自治区第一届职工技术创新成果展一等奖。

一路走来，从初中辍学，到学习开拖拉机，到学习开汽车，再到"造飞机"，从地质队到民航行业，从一个不起眼的小司机到李冬凉创新工作室带头人，最终获得劳模荣誉，李冬凉就像一颗被压在石头下的种子，始终在压力和逆境中默默地生长着。无论在生长的路上遇到多少挫折和困难，这颗种子依然坚守初心，努力生根发芽，最终结出累累硕果。

目　录

 第一章　蓬生麻中，萌芽初发

扫码解锁

◎群英颂歌 ◎双料大师
◎筑梦航空 ◎奋斗底色

"坎坷"的小学生活

李冬凉的父母在内蒙古一个偏远县城的县委工作，都是国家干部，爷爷是革命烈士。

在李冬凉上小学时，由于父母工作上的变动，父母便带着李冬凉回到河北石家庄的老家。因为当地教学资源有限，李冬凉不得不选择舅舅所居住村庄的学校读书，村里的教师人员紧张，小学一至三年级的三十六名学生都在一个班，老师只能分时段讲课。比如，上午七点半到九点半给一年级学生上课，二年级和三年级的学生在旁边自习或者旁听；十点到十二点给二年级学生上课，一年级和三年级的学生在旁边自习。以此类推，直到一天的课程结束。这样的情况使学生们的有效上课时间只有两三个小时。由于上课时间短，加上路途耽搁，李冬凉的学习开始渐渐吃力起来，经常跟不上学习进度，学习成绩自然也不尽如人意。

后来，李冬凉又随父母从河北返回内蒙古。

那几年，李冬凉的生活一直不是很安稳，总是需要随父母不停地坐汽车、坐火车，跑来跑去，搬来搬去。本来他小学时期的文化课基础就打得不够牢固，升入初中后，老师讲的知识李冬凉完全听不懂，作业更是不会写，因此，李冬凉开始厌学，甚至逃学，为此没少挨父亲的打。终于在一次挨打后，李冬凉委屈地哭出声来，向父母吐露了自己的心声，父母考虑了很久，内心悔恨自责的同时，意识到读书已经对孩子的心理造成了影响，硬读下去也不会有太好的结果。无奈之下，李冬凉初中没读完就下乡了。

"执拗"少年下乡记

1976年，十五岁的李冬凉初中未毕业，便一个人背起背包，怀着无比激动的心情，义无反顾地投入知识青年上山下乡的队伍之中。对于年少的李冬凉来说，未来是迷茫的。

那时的城乡交通还不发达，下乡坐的都是牛马拉的车，经过十多个小时的辗转，李冬凉总算到达了目的地——内蒙古自治区乌兰察布市察哈尔右翼前旗下辖镇平地泉镇。年少的他孤身来到陌生的地方，内心非常紧张，也很害怕。他看着远处村庄升起的袅袅炊烟，放下行李，深深地吸了一口气，在心里给自己默默打气后，背起背包，坚定地朝着村里走去。

生产队安排接李冬凉的人已经早早等在了村口，待李冬凉过来后，他和李冬凉握了握手，迅速接过李冬凉的行李，一边往村里走，一边热情地向李冬凉介绍生产队的情况。

很快，他们便来到了生产队队长的办公室。李冬凉站在门口整了整衣冠，深吸一口气，伸出手轻轻地敲了敲门。等到屋内传来中年男子浑厚有力的一声"请进"，李冬凉才缓缓推开房门，走了进去。

生产队队长请他坐下，又为他倒了杯热水。李冬凉为人谦逊有礼，生产队长很喜欢他，两人聊得十分愉快。

一小时后，生产队队长才带着李冬凉从办公室出来，二人沿着村道，一直向东走，来到村子东头一间土坯房前。李冬凉抬眼打量，房子不大，是两间土坯房，屋子矮矮的，只有两扇不大的木窗，窗子是上下翻动的老样式，合页在上面，开窗的时候需要用一根木条撑着。风一吹，窗户便摇摇晃晃发出"簌簌"的响声，好像谁再碰一下就要掉了……

"冬凉，以后你就在这儿住了，环境比较艰苦，村子里也没太好的地方了，辛苦你坚持一下吧。"直到生产队队长告诉李冬凉这就是他的住所，他才回过神来。

"不辛苦，不辛苦，队里能给我提供住的地方我已经很感激了。"李冬凉连忙对队长说道。

生产队队长又站在门口和李冬凉交谈了一会儿，便离开了。只剩下李冬凉站在门前，久久没有推开门。来时的激情在此刻慢慢冷却，他有点手足无措。现实的情况和他想象中的完全不一样。他以为下乡就会过上集体生活，白天大家一起干活儿、一起做饭、一起打扫屋子，夜里大家可以交流一些工作上的经验或者畅谈美好的未来。可谁承想这两间房里，只有他一个人。

李冬凉叹了一口气，将手放在门把上，加重力气推了几下，门才"吱呀"一声打开。进屋后，李冬凉快步走进卧室，用手扑了扑箱子上的灰尘，将行囊放在箱盖上一处稍干净的地方，便着手打扫屋子。经过两个多小时的辛苦打扫，李冬凉把这两间小破屋子收拾得干干净净。时至黄昏，窗外的夕阳柔柔地射进来，笼罩在李冬凉的脸上，李冬凉的脸红扑扑的，像被窗外的晚霞染就一样。

经过短暂的休息后，他打开行囊，将生活用品一件件放在炕上，摆放得整整齐齐，然后再一次陷入了沉思。晚霞照亮了李冬凉的脸，却照不亮一个孩子害怕的心。这是他第一次一个人住，十五岁的他显然有些害怕。他怕的不是漆黑的夜晚，而是孤独。

第二天，他早早来到集合地点，队长点好人数后，便带着他一起出工去了。队里的工作基本上都是体力活，累是累了点，可李冬凉不再有上学时的那种空虚感，他很享受这样忙碌且充实的生活。

工作是充实的，生活却还有些混乱，最让李冬凉头疼的是做饭。累了一天的李冬凉回到住所后，还要自己研究着做饭。没有做饭经验的他常常手忙脚乱，只好在头脑中回忆妈妈做饭时的样子，尽力"复刻"妈妈做饭的动作和步骤。当一盘黑乎乎的菜摆放在面前时，李冬凉第一次感到无助，眼泪差一点夺眶而出，他无比嫌弃自己的无能，疯狂地思念家人。

在那段日子里，李冬凉每日早出晚归，努力干活儿，为了赚工分竭尽全力，可只有十五岁的他能有多少力气呢？他还只是个孩子，不管他怎么拼命，永远拿不到满分。拼了命去工作，吃饭又毫无规律可言，劳动的日子让他学会了独立自主，也落下了胃病。

寒冬塑造的钢铁意志

每到农闲时期，生产队会组织义务工进行水渠维修工作。李冬凉总是积极响应号召，主动报名参加。这样做一方面能为他积累一部分工分，另一方面是因为在修水渠的工地上干活儿，无须自己操心做饭的问题。

无情的北风呼呼地刮着，刀割般削在脸上，吹得脸钻心地痒痛。李冬凉穿着厚厚的棉衣，戴着大棉帽，呼出来的热气扑到睫毛和眉毛上，凝成厚厚的一层霜。忙碌的劳作并不能让李冬凉的身子暖和起来，棉袄再厚也挡不住凛冽的寒风。在外边待久了，他的脸颊都被冻得通红甚至泛着青紫。干完活儿回家，他一边走一边小心地用双手揉搓着面部，搓耳朵时格外小心，生怕不小心把耳朵给搓掉了。走了好长时间，李冬凉仍觉得自己在鞋子里的脚还是梆梆硬的，他活动了一下脚趾，回了回弯儿，确定脚还有知觉后抬眼向村子的方向望去，忽隐忽现的炊烟提醒他，还要走上半个多小时才能到家。

夜幕降临时，气温会变得更低，就连睡觉也变得困难了。屋子里冷得像冰窖，一条棉被无法抵御寒冷，李冬凉只好将褪下的棉衣、棉裤和老羊皮袄都搭在身上，把自己裹成一个蚕蛹，只露一个脑袋在外边，就连翻个身都困难。

那段苦寒的日子，即便是现在回想起来，李冬凉仍会不自觉地发抖，他说："一个人的炕不管怎么烧都烧不热，有时候冷得无法入睡，被冻醒更是家常便饭。每次我被冻醒以后，就一个人看着漆黑的顶棚，陷入沉思，未来的路该怎么走，我不知道。不过也正是那段日子，磨炼了我的毅志，现在不管遇到任何困难，我都会想，再难也不会比当时的处境困难。"

从拖拉机开始的机械梦

春天来了，万物复苏，天气也渐渐暖和起来了，李冬凉又开启了新一年的忙碌，除草、耕地，常常一干就是一整天。改变往往在某个不经意的日子悄然而至，规律的劳作生活正是在那一天发生了变化，李冬凉现在还记得，当时他正在外面出工，大老远就听到"突突突"的声音，那声音打破了宁静，所有人都不禁朝着声音传来的方向望去，远处正有一缕黑烟不断地冲破灰尘蹿向天空。不知是谁喊了一声："是手扶拖拉机，手扶拖拉机回来了，我们的手扶拖拉机回来了！"

一听拖拉机回来了，很多年轻人丢下手中农具，一窝蜂地向拖拉机跑了过去，李冬凉也跟了过去。

大伙儿将拖拉机围得里三层外三层，很快就把道路堵得水泄不通。大家都用新奇的目光打量着这个大铁疙瘩，恨不得想用眼睛就看出它是如何动起来的。去晚了的人站在人群外围急得直跳脚，一边蹦一边伸长了脖子往里瞧。拖拉机师傅见众人围了过来，便将拖拉机熄火，然后咧着嘴，笑呵呵地为大家介绍拖拉机的各个部件，以及怎样打火驾驶，神气得不行。

那是一辆东风12型手扶拖拉机，红色的柴油箱搭配军绿色扶手，特别新鲜好看。柴油箱左边有一个大轮子，大轮子外侧有一个突出的小轮子，有一条三角皮带缠绕在小轮子上，皮带那端接着另一个轮子，各个零件部位结合紧密，活像一头大铁牛。拖拉机师傅拿出一个"Z"形的铁棒开始讲解，他说这根铁棒就是启动这头"大铁牛"的钥匙。他熟练地将铁棒的一头插入小轮子上的一个小口，接着抓着铁棒尾端，用力地顺时针转，大概转了十多圈，再快速拔出铁棒，拖拉机响起一阵"突突突"的声音，排气管里冒出一团一团黑烟，打火就完成了。

大家正听得津津有味，一个稚嫩的声音传到了众人的耳朵里："我可以坐上去试试吗？"拖拉机师傅的目光透过众人，看到了面色微红的李冬凉。李冬凉脑子一热就说出了这话，反应过来的他才觉得整个脸皮都火辣辣的，有些不好意思，正在他局促不安时，师傅一边将拖拉机熄火，一边亲切地朝李冬凉招了招手说："娃娃，过来。"

李冬凉怀着激动且忐忑的心情穿过人群，来到了拖拉机旁。他仔细地观察着拖拉机，小心翼翼地伸出手抚摸车身，内心有说不出的喜欢。也许这就是所谓的缘分吧，李冬凉和机械的故事从这一刻便开始了。

"来吧，娃娃，试试。"师傅见李冬凉稀罕得很，笑呵呵地把摇把递给他，示意他打火。李冬凉被突如其来的惊喜砸蒙了，他没想到自己还可以尝试打火，愣了一下赶忙接过摇把，学着老师傅的样子，将摇把插入小孔然后用力摇，摇了一会儿，发动机一点儿声音也没有。师傅见状，把着李冬凉的手，带着他摇了几下，这下发动机终于发出了"突突突"的声响，排气管里冒出滚滚黑烟。李冬凉大喜过望，拔摇杆的时候头差点儿撞上柴油机箱，滑稽的样子逗乐了师傅，他自己也尴尬地笑了，师傅又给他讲起了操作要领："摇的时候要注意柴油机的反转，反转之后就容易带着摇把一起摇动，要找准时机迅速将摇把拔下来，不然容易被打到而受伤。"李冬凉点点头表示知道了，师傅又说："现在拖拉机是启动状态，要是想开走它就得来这里操作了。"说着，师傅带着李冬凉来到拖拉机后身，站在扶手后，师傅松开扶手上一个戴着红帽子的小手柄，解释道："这个叫离合，离合器起到传递和切断发动机动力输出的作用，咱们现在挂完离合，车子就属于空挡状态，接下来我们就要挂挡启动了。"李冬凉似懂非懂地点点头。随后师傅又在两个扶手之间握住了一个半米来长的手柄说道："这个是控制挡位的，挡位不同，速度不同，用左手握住，向前推动，就这样，咱们就挂上一挡了，松开离合，你看，拖拉机就开始向前行驶了。"师傅话音还没落，拖拉机就已经冒着黑烟往前走了，李冬凉对这一切惊讶不已。师傅看着李冬凉痴迷的神情，挂了暂停挡，待拖拉机停止后，一闪身将操作位让给了李冬凉，笑道："娃娃，你来试试。"

就这样，李冬凉扶上拖拉机把手，不知是因为激动还是拖拉机的震动，李冬凉的胳膊一颤一颤的，他努力平复自己的心情，用力握着扶手，师傅就在他后边帮他扶着。看到拖拉机在自己的操作下逐渐动起来，李冬凉的心激动得怦怦狂跳，像要蹦出来一样，他不敢相信自己真的把拖拉机开走了！把拖拉机停下后，李冬凉觉得整个人都轻飘飘的，像是飞上了云端，松开扶手李冬凉才发觉自己手心里全是汗，他急忙用衣摆擦了擦手，然后再次抚摸着车身，宝贝似的摸过每一个部位，简直爱不释手。

师傅看李冬凉喜欢，人也机灵，便也愿意教他。李冬凉对机械悟性很高，经过师傅一段时间的指点，他就可以独自操作手扶拖拉机下地干活儿了。

自从手扶拖拉机加入生产队，大家的工作比以前轻松不少。每当干完活休息时，李冬凉就独自站在拖拉机旁，仔细观察每个肉眼可见的零部件。他的内心深处逐渐萌生出一个想法：如果把拖拉机拆了，凭他一己之力可不可以将它还原呢？

有一天，拖拉机在地里抛锚了，这可把生产队长急坏了，这个宝贝疙瘩要是坏了可如何是好？他立马让年轻腿脚快的李冬凉去公社所在地找修理师傅。李冬凉二话不说，骑着生产队的二八大杠（自行车）飞奔而去。

待李冬凉回来，来回几千米的骑行已经使他整个衣襟都被汗水浸透了，他累得呼呼喘气。可他并不愿意休息，他想学习如何修理拖拉机。在师傅修理时，李冬凉就站在旁边全神贯注地观看他的每一个动作，遇到不懂的或不理解的，他就问，并用笔记本记录下来，回家之后又时常在脑子里演练复习。

从那以后，他只要听说周边有生产队拖拉机坏了，就立马跑过去学习。时间久了，在不断地观摩与学习中，李冬凉积累了师修理拖拉机的理论知识，但他并没有机会动手实践。一天，手扶拖拉机再次"趴窝"，生产队长准备派人去叫修理师傅，李冬凉知道自己实践的机会来了，连忙说："队长，我可以试试吗？"

队长疑惑地看向他："冬凉，你可以吗？这可是咱生产队的宝贝疙瘩，可别弄坏了。"

李冬凉挺了挺腰板，斩钉截铁地说："队长放心，我可以。"然后飞奔回队里，拿上工具，开始认真修理起来。

时间一分一秒地过去了，汗水顺着生产队长的额头滴落下来，他内心十分焦急，生怕李冬凉技术不精弄坏拖拉机，可看着认真修理的李冬凉，还是不好意思打断他，现在叫修理师傅也来不及了，队长只好在一旁焦急地等待着。

两个小时后，李冬凉拿着摇把站在车前，长长地吸了口气，然后将摇把插入小孔，用力地摇了起来，随着"突突突"声响起，烟囱冒出黑烟，李冬凉开心地蹦了起来，生产队长一颗悬着的心也终于落了下来。

也就是从那一天开始，李冬凉成了生产队拖拉机的专属负责人，不光是因为他开得好，还因为他会修理。

李冬凉除了会修拖拉机，还学会了修自行车。从那以后，各种扳手、螺丝刀就成了李冬凉随身携带之物。在不断地修理中，他也渐渐地喜欢上了机械，喜欢上了那淡淡的机油味。就这样，李冬凉和机械的故事开始了。

不知则问，不能则学

1978年改革开放伊始，生产大队即将配备一辆解放牌汽车，对于当时的生产队来说，汽车可是个稀罕物件，而司机更是难得的宝贝疙瘩。

那个年代没有驾校，想要学习开车，只能由生产队里开证明，报人民公社审核批准后派到企业或工厂，由专业的师傅手把手传授驾驶技术。

一天，李冬凉刚出工回来，一边走一边用搭在脖子上的毛巾擦汗，快到村口时，遇到一个社员，社员说："冬凉，你赶快去一趟队长办公室，他找你有事。"李冬凉三步并作两步，大步流星朝着队长办公室走去。

队长见李冬凉来了，笑眯眯地让他坐下。

接着，队长说道："咱们大队即将配备一辆解放牌汽车，这事你应该也听说了。可咱大队没司机啊，得派个人去学习，我们都很看好你，一你懂得修理，二你悟性高、学得快。我们开了队委会，大家一致认为派你去学习最合适。"说罢，他看着李冬凉，一字一句地问："李冬凉，你有没有信心完成这个任务？"

李冬凉喜不自胜，不自觉地挺直了背说："绝对有信心，我保证把汽车的每个零部件都研究得明明白白的，回来给咱大队开车！"说完后，两人都会心地笑了。

第二天，李冬凉收拾好行李，生产队长亲自把他送到人民公社办理相关手续。

李冬凉进入工厂做好登记后，在一名管理人员的指引下，来到了停车场。他远远看到一位师傅正认真擦拭着一辆汽车。他连忙走过去，放下背包对师傅说："师傅您好，我叫李冬凉，是生产大队派过来学习开车的。"说完就拿起桶里的另一块抹布跟着擦了起来，一点点小角落也不放过。师傅看了他一眼，也没说话，继续擦拭着车子。擦完车后，师傅点了点头，说："你小子挺对我脾气的，以后就跟着我学车吧。"

李冬凉跟着的师傅与其他师傅不太一样，他没有直接教他开车，而是先教他怎么和车成为"好朋友"。师傅说："汽车，不仅仅是一个运输工具，更是一个知心朋友，只有你真心待它，它才会任劳任怨陪你走南闯北。想要了解它，那就不光要学会开车的技巧，更要学会从它的声音和行驶过程中辨别它是否'生病'，而且要知道怎么去救治它。"

李冬凉不解地问："怎么才能减少它生病的次数呢？"

师傅听后饶有兴趣地问他："你为什么不问怎么修理它，而是问怎么减少故障？说说看。"

李冬凉说："您既然把它比作人，那么车就和人一样，有些人易生病，而有些人连个感冒都很少得。所以，我就想怎么才能减少车辆故障，延长车辆使用寿命。"

师傅欣慰地拍了拍李冬凉的肩膀说："自然是安全驾驶，但最重要的还是要勤于保养。"

在师傅的耐心指导下，李冬凉很快便学会了开车，熟悉了汽车的结构部件，也学会了和汽车成为"朋友"。他开车的时候很谨慎，在车的保养上也很尽心尽力。对于李冬凉来说，汽车不只是交通运输工具，还是陪伴李冬凉的伙伴。最重要的是，师傅在他的心中埋下了"安全"的种子，注重车辆保养，保护它少受伤害的同时也是保全自己，这也让李冬凉在以后的相关工作中时时将"安全"放在心中，一刻也不敢忘。

在地质队的小创造

学习的时光总是快乐而短暂的，半年后，李冬凉不负众望，顺利考取了汽车驾照。那一天，师徒二人坐在车边的阴凉地休息，师傅语重心长地和李冬凉谈了好久，在说到人生规划时，师傅问道："冬凉，接下来你准备去哪儿，是回生产队继续工作吗？"
李冬凉虽有满满不舍，但还是点了点头说："是的，师傅，出来
这么久，跟您也学到了真东西，我该回生产队把我学到的东西学
以致用了。"

师傅拍了拍他的肩膀说："冬凉，你跟着我学习这么久，我
看得出你是个很聪明的孩子，在机械上很有天赋，做事认真，有
耐心，学习新知识也快，最重要的是身上有一股韧劲儿，遇事还
冷静。我建议你换一个环境，去历练一下，在实践中扎扎实实提
高自己的技能。我听说这几天地质队在招工，你去报名吧，去那
边历练一番，凭你的能力，我相信你一定会有更大的收获。"

李冬凉一听说有这个机会，就很想去尝试，他想在更艰苦的
环境中历练自己，提高本领。但是他又开始担心，也有些害怕，
怕自己做不好这份工作，让师傅和其他支持他的人失望。师傅了
解李冬凉，看出了李冬凉的犹豫，亲自带着他来到地质队报名
处，给他报了名。

正如师傅所想的那样，李冬凉顺利通过层层考核，进入了他
人生的第二个转折点——内蒙古非金属矿野外地质队。

20世纪七八十年代是地质工作大发展时期，由于国家对矿产
资源的需求不断增加，地质勘探任务也不断加重。地质工作具有
流动、分散的特点，需要工作人员长年在野外生活，李冬凉做的
还是司机工作，更是需要来回奔波，工作也很辛苦，遇到不好的

路况，在山里困上一周也不是稀少的事儿，一旦受困，大家就只能靠着车里仅存的粮食解决吃饭的问题。可李冬凉一点儿也不害怕，因为他总算真正体会到了想象中的集体生活，大家一起住在帐篷里，一起做饭，一起吃饭，虽然条件差了些，可比起上山下乡时一个人在被窝里冷得瑟瑟发抖，只能双手紧紧扯着棉被角，恨不得将被子嵌入自己身体里，仍然抵不住漫漫长夜的寒冷和孤寂，现在的生活不知道要好上多少倍。

野外地质队工作的地方没有一条平坦之路，都是崎岖不平的山路，路上还散落着大小不一的石头，人坐在车上，颠得五脏六腑直翻腾，更何况是车呢？车在山路上"趴窝"，对于地质队来说是一件平常不过的事情。

李冬凉始终把师傅的那句"要把车当朋友，只有你真心待它，它才会任劳任怨陪你走南闯北"奉为圭臬。尤其进入地质队后，他发觉路况对车子损害特别大的时候，就更加注重对车的保养，或者说他对车的保养更胜于保养自己的身体。那时候修理厂离得远，车坏在半路上，全靠司机自己来修，李冬凉不仅爱车，还是个热心肠，除了精心保养自己的车外，还经常帮助地质队其他的司机维修和保养车辆。

虽然李冬凉已经足够爱护车辆，但是由于没有系统学习过汽修相关知识，长久以来也只能自己摸索着研究，理论与实践的短板，让李冬凉在汽车修理方面吃过很多亏。

　　为了进一步了解这个不会说话的伙伴，李冬凉跑了很多地方，才买到了车辆维修和汽车零部件分解方面的书籍。只要有时间，他就会看书，遇到看不懂的或是能引发自己独特见解的地方，他会做一些特殊标记，然后抽空与司机师傅们一起探讨、研究怎样才能用最简单、快速的方法将野外出故障的车辆修好。

　　但是再丰富的理论基础如果没有实践应用，也只是纸上谈兵。好在地质队车辆多，供李冬凉实践的机会也多，只要队里有谁的车坏了，大家就都喊李冬凉来。他的修车技术也在一次次野外修理过程中不断提升，很快便成了车队中数一数二的维修师傅，大家都尊敬地称他为小师傅，李冬凉每每听到这个称呼总是觉得美滋滋的。

　　在地质队工作期间，李冬凉冬季无须前往野外工地。作为货车司机，单位安排他在空闲时间为职工食堂送白菜，以及为职工家属运输冬季的烤火炭。逐渐地，他结识了许多机加工车间的同事。他回忆道："那时，实际上是不被鼓励跨车间活动的。"他还记得第一次进入车间时的情景，工人师傅带着他一边走，一边为他讲解各类工具和车床的使用方法。李冬凉听得津津有味，对车间的所有物件都产生了浓郁的兴趣。从此以后，他往车间跑的频次越来越高。

　　李冬凉为人谦虚又勤奋好学，遇到不懂的问题，就及时向师傅们请教，哪怕是最基础的电焊和机床操作，他只要有疑问，便会虚心向师傅们求教。他从不认为学艺是一件可耻的事情，李冬凉说："学习就是要张得开嘴，不害怕问问题，要敢问，没什么不好意思的。"经过日复一日的学习，李冬凉终于从一个机加工门外汉变成了内行人。

工作车间里随处可见的下脚料，会被定期处理，李冬凉觉得这些下脚料扔掉太可惜了，他灵机一动，萌生了一些想法：用这些下脚料来制作工具，让下脚料重获价值。李冬凉是那种想到就去做的人，他常说："如果因为害怕失败而不去付诸行动的话，就算脑子里有千千万万个想法，也不过是浪费时间，白日做梦罢了。"

说干就干，他找到了车间主任说出了自己的想法："主任，我可以用下脚料来做一些实用的工具吗？"

主任说："这些都是边角料，能做出什么东西呢？你要想做就尝试一下吧，但一定要注意安全。"

就这样，李冬凉经常一个人戴着焊接面罩，在车间一待就是几个小时。他对于焊接这项技艺充满了热情和执着，每一次的修补和创造他都沉浸其中，无比享受。每完成一项工作，他都会感到满足和自豪。那天，李冬凉打算用边角料为一辆破损的小推车焊一个接头。他精心准备了所需的工具和材料，戴上焊接面罩，开始了他的工作。他静静地焊接，眼神专注，手法熟练。在他的操控下，火花四溅，金属迅速融化黏合，一个完美的焊接接头出现在小推车上。完成工作时，李冬凉满头大汗地摘下了焊接面罩。小推车焕然一新，焊接接头坚固可靠。很多同事见了都夸他："冬凉，手艺不错啊！"同事们的赞赏是对他的努力的肯定，更是对他的创造力的认同。李冬凉意识到自己的努力没有白费，他的创造力得到了重视和赞许。这一刻，他坚定了自己精进焊接技术的信心，同时激发了他更多的创新灵感。他决心继续学习技术，提升自己，将自己的创造力延伸到更广阔的领域。

这次小试牛刀也让他深刻体会到，只要坚持追求自己的梦想，并付出实实在在的行动，就会获得实实在在的进步，就会赢得他人的尊重和赞许。这种成就感给了他更多前进的动力，令他对未来充满了信心和希望。

就这样，李冬凉越来越沉迷于加工创作，慢慢地，一个个小模型，一件件孩童的玩具及工艺品从李冬凉的手中制作出来。大家对他做出来的物品很喜欢，在别人的肯定中，李冬凉越来越自信，带着这份自信，他不断地学习与钻研，对各种特种车辆的内部结构和机械性能理解得也越来越透彻，对机械组装也越来越感兴趣。

⊙ 李冬凉工作照

第二章　茁苗深根，蓬勃发展

扫码解锁

◎群英颂歌 ◎双料大师
◎筑梦航空 ◎奋斗底色

小司机，大能量

1993年，李冬凉通过社会招聘，离开了工作了十五年的野外地质队，来到内蒙古自治区民用航空管理局[1]工作。在地质队工作时，李冬凉每年大部分时间都要在野外东奔西跑，新的工作虽然待遇不如地质队，但让他稳定了下来。只是此刻的李冬凉还不知道自己将与民航事业产生一生的关联，他认为自己既然被分配到职工班车司机岗位上，就要成为一名合格的职工班车司机。他对自己的要求异常严格，甚至有些苛刻，不是他追求完美，而是他无法忽视自己作为一名司机的岗位责任。如果因为自己的一时疏忽酿成大错，出事的可是一整车的人。

李冬凉做了一年半的专职班车司机，在这期间，除了接送职工外，还兼做行政用车、接送旅客等工作，一车多用。李冬凉不仅十分注重安全驾驶，还格外注重车辆卫生情况。每次在交接班时，

---

[1]　文中"内蒙古自治区民用航空管理局"现为内蒙古自治区民航机场集团有限责任公司；"内蒙古空港地面服务有限责任公司""呼和浩特机场地面服务部""民航汽车修理厂""内蒙古航空港出租汽车有限责任公司"均为内蒙古民航机场集团下属内蒙古自治区民航机场集团有限责任公司不同时期成立的分公司。

李冬凉总是习惯提前到达交接现场，仔仔细细从里到外地对车辆进行清扫。有些同事很疑惑，便问他："冬凉，你每天把车打扫那么干净干什么？一趟趟跑下来都白打扫了。"他说："我们做司机的不光要把车开好，更要让乘客有一个舒适的乘车环境，打扫车的过程也是检查车的过程。"

那时候，大部分司机认为只要把车开好就行了，车内环境不太重要。

可李冬凉不这么认为，他耐心地和大家解释："把车开好，确保行车安全，固然是我们的首要职责，但环境卫生同样重要。大家换位思考一下，假如我们是乘客，当车门打开那一刻，刺鼻的汗液味扑面而来，上车后发现地面肮脏不堪，座椅头枕上沾满了油腻，在劳累了一天之后，这样的环境会给我们带来怎样的感受？是不是很烦躁？如果我们能够注重卫生，为乘客营造一个干净舒适的乘车环境，大家的心情自然会变得更加愉悦，人与人发生矛盾的概率也会相应减少。打扫卫生是不是也是在减少安全事故呢？"

在李冬凉的影响下，越来越多的司机开始注重车辆环境的卫生整洁。无论是在交接班之际，还是在日常工作中，他们都会坚持对车辆进行清扫和整理，让车厢始终保持干净整洁的状态。随着时间的推移，司机们惊喜地发现，车厢内环境的改善不仅提升了乘客的舒适度指数，还无形中传播了一种积极向上的正能量。

乘客们在出行的过程中感受到更多的温馨与愉悦，从而更能充满活力的心态开始一天的工作。

安全，谁都不能忘记

李冬凉的事迹被同事们口口相传，他的朴实与认真得到了领导的关注，经过一系列的考核与观察，领导发现李冬凉无论是汽车驾驶技术、车辆维修与保养技术，还是环境卫生工作方面都非常出色。于是，李冬凉被任命为车管科副科长，负责主管车辆技术、维修、保养及培训工作，他的职业生涯也因此迈上了一个新的台阶。

李冬凉到现在都能清晰记起初次进入机坪时感受到的那一股庄严的氛围。一块红色大字牌吸引了他的眼球，上面清晰地印着十二个大字——敬畏生命、敬畏规章、敬畏职责。简单的话语饱含了无尽的深意，深深地触动了李冬凉的内心。

敬畏生命，这四个字凝聚着厚重的责任与使命。对于李冬凉而言，它意味着在工作中，保障每一位乘客的安全至关重要。无论是飞行员、机务人员还是地面工作人员，都应将生命至上的理念铭记于心。作为司机，李冬凉更是将乘客和同事的安全放在首位。

他时刻保持警惕，确保每一次出行都平安顺利。他尽职尽责，用实际行动诠释着对生命的尊重与敬畏。

敬畏规章，就是说大家应共同遵守规章制度，任何人都不得违反或者曲解规章。因为只有遵守规章制度，才能确保每个航班的安全，稳定航空运输的秩序。这也提醒着李冬凉，作为一名民航人，不仅要遵守规章制度，更要对自己的行为负责，绝不允许半点马虎。

敬畏职责意味着每个人在各自行业中都肩负着不可推卸的职责与神圣使命。对于民航人而言，更是如此。飞行员、机务人员以及地勤人员，他们的工作职责就是确保每一个航班的平稳运行，保障每一位乘客都能够安全抵达目的地。在李冬凉看来，敬畏职责就是对待每一项工作都认真负责，不懈怠，不马虎。

机坪上这三句简洁的话语，深深地印在了李冬凉的心中。他深知只有把这三句话铭记在心，并付诸实践，才能真正成为一名合格的民航人，为航空事业贡献自己的力量。

这一天，李冬凉下班后，和曾经的车队同事在一起聚餐，虽然无酒，但大家吵吵闹闹你一言我一语，场面也异常活跃，可李冬凉却一脸愁容。车队的张师傅问他："冬凉，你有心事？"

李冬凉正了正神色，若无其事地拿起茶杯说道："哪有什么心事，来喝茶。"

张师傅很了解李冬凉，他说："从你的脸上可以看出你心事重重，不过如果你不想说就不要勉强自己，来，喝茶。"

两人相视一笑，端起茶杯轻轻地碰了一下，随后李冬凉才慢慢说道："我在想那'三个敬畏'。"

张师傅说："想那么多做什么，既然进入民航业，再多的敬畏最后只会变成两个字。"

李冬凉急忙追问："哪两个字？"

张师傅不紧不慢地喝了口茶说："安全。"

李冬凉一边喝茶一边仔细品味"安全"二字，又把这两个字与"三个敬畏"联系起来才发现，原来"三个敬畏"并不是孤立的，它们之间有联系、有交集，它们的交集点便是"安全"。

一个对工作缺乏尽职尽责精神的人，必然不会遵守民航业的规章制度。翻阅以往的安全事故案例，因不守规矩而引发的事故在其中占据了相当大的比重。因此，只有当一个人对职责怀有深深的敬畏，才能自觉遵守规章。而只有做到了这两点，才能真正将敬畏生命的态度转化为实际行动，确保航空安全。

对于民航人来说，工作作风体现在每一秒的每一个动作中，这是对工作存有敬畏之心的外在表现。当你内心真正意识到工作的使命感，即便你的工作看上去微不足道，你也清楚地知道自己的使命，明白自己的工作处在机坪运行安全链条中的一环，一旦犯错，极有可能对旅客的生命财产造成损害。

想明白这些后，李冬凉为张师傅倒了一杯茶，然后发自内心地说了一声："谢谢。"

聚餐结束后，李冬凉回到家中，脑子里还在想着如何尽可能保证安全，想着想着又陷入了沉思。李冬凉突然觉得，光自己明白这些远远不够，还应该对他的学员进行更高质量的安全培训。培训工作是安全生产链条中最重要的一环，如果这一环节出了问题，当学员们走向机坪时，真不敢想象会发生什么样的状况。

培训工作该怎么升级改革呢？以前都是一对一带徒弟，但做整体培训，李冬凉一点方案和想法都没有，可是他不怕，遇到问题解决就是了，逃避可不是李冬凉的性格，勇往直前才是。

第二天他购买了大量书籍，每天下班后，便把自己关在屋子里，通宵达旦地研究，甚至到了废寝忘食的地步。李冬凉将书中的信息进行提炼，再结合实际情况整合资源，撰写了以"安全、技术"为主题的培训计划。

培训计划完成后，他也没有马上推行，而是拿着刚做好的培训计划书，找到领班及班组长进行讨论，大家针对他的计划内容进行反复推敲，对不合适的地方进行修改完善，最终形成了一套合理、合规的培训体系。

李冬凉培训学员的第一课，就深入剖析了"三个敬畏"的内涵，阐述了其重要性。为什么要做到"三个敬畏"，以及怎样做到"三个敬畏"，让学员从第一天起，便将"三个敬畏"深深烙印于心灵深处，并身体力行地予以实践。

维修大客车

时光飞逝，很快到了1995年。那一年内蒙古自治区民用航空管理局成立了民航汽车修理厂（简称修理厂），李冬凉因能力强、工作出色被聘为厂长。

身为厂长的李冬凉深知自己要负起厂长的责任，肩上的担子更重了。他不光要为单位车辆的安全负责，还要为员工谋求更多福利。怎么谋福利呢？这个问题一直盘旋在李冬凉的脑海里，久久挥散不去。

终于，李冬凉有想到一个好办法。民航汽车修理厂除了修理机场内部车辆外，还可以承接客运站和货运站等大型车辆的维修业务。这样一来，不但工人们有了额外的收入，还能够为这些外部车辆提供高质量的维修服务。

工作时间，李冬凉带领着他的团队，专注于修理和维护机场内部的车辆。他们仔细检查每一辆车的机件和部件，发现任何问题就会马上进行修理，以确保车辆能够继续正常运行。

其他时间，李冬凉便开始往货运站和客运站跑。他积极与车辆运输公司的负责人联系，并提出民航汽车修理厂的服务项目。

第一次去客运站承揽修车业务时，李冬凉就遇到了困难。客户并不相信他们修理厂的技术水平，更担心他们不能按时完成维修任务。尽管李冬凉再三保证修理厂的能力和维修进度，但效果并不大。李冬凉虽然遭受了挫折，但他并没有气馁。

第二次见到客车公司负责人时，李冬凉准备了详细的维修方案，并用了许多实际案例来展示厂里的专业技术。经过一番努力，李冬凉终于赢得了客车公司的认可。客运站决定与民航汽车修理厂合作，并将第一辆需要维修的客车交给了他。

李冬凉的用心和努力大家都看在眼里，修理厂的师傅们对待第一次任务都表现得十分踊跃，表示愿意和厂长一起干。李冬凉看大家这么支持自己的工作，多日来洽谈承包业务时所受的心酸、委屈，都觉得值了，终于在此刻露出了这么多天来第一个笑容。

大客车在大家的共同努力下很快便修理好了，比约定的交车时间还提前了三天。在交车前，师傅们还把车辆打扫得干干净净，像新出厂的一样。

当客户来提车时，看着整洁如新的客车高兴得不由自主地竖起了大拇指。

此次业务达成的效果十分显著，第一枪打响后，民航汽车修理厂口碑好、声誉佳的名声便传开了，客运车辆一辆接着一辆开进修理厂，就这样，在李冬凉的带领下，厂里师傅们的日子虽然过得忙忙碌碌，但是大家都乐在其中，忙得不亦乐乎。

　　李冬凉对每一辆需要维修的车都会耐心处理，对每一位客户都十分热情地接待。他修车时的最大乐趣，就是边修车边和客户讨论维修知识，告诉他们汽车为什么坏，坏了之后该怎么修。

　　每当汽车修理好以后，李冬凉都要亲自检查每一个细节，确保车辆的安全。"安全"二字已深深烙印在他的心中，同时他也要求员工为每一位客户建立档案，详细记录车辆的问题、修理过程，以及使用和维护建议。这让客户大为感动，更加信任李冬凉。

　　李冬凉是个勤奋的人，对每辆需要大修的汽车，他总是亲自上手进行拆卸。通过实践，他不仅修理了车辆，更重要的是从中学到了许多书本上学不到的内容。在每次拆卸过程中，他都积极探索，认真记录，不断提高自己的车辆修理水平。

　　通过拆卸，他了解了车辆各个零部件之间的关系和工作原理。他通过亲手释放压缩弹簧、分解发动机等操作，逐渐理解了汽车的内部结构和运行原理。这些实践经验不仅提升了他的维修技术，还加深了他对汽车工作原理的理解。在每一次拆卸过程中，李冬凉都能学习到新的知识、新的技术，不断提升自己的专业素养。

　　此外，拆卸车辆还让李冬凉学到了许多发现问题根源的技巧。他通过拆卸前的仔细检查，结合对车辆故障的分析，能够更准确地找到问题发生的原因。这种精确的问题定位和迅速解决问题的能力，源于他在汽车维修领域积累的丰富的经验。他知道，理论知识固然重要，但实践经验更是宝贵的财富。他相信，通过亲身经历、实际操作，就能真正掌握汽车维修的精髓。

李冬凉团队修车水平高、服务态度好、工作效率高，慕名而来的车主也就越来越多，有时候一天下来，大家伙儿连吃饭的时间都没有，可是没有人抱怨，看着每个月多出来的工资，更有厂长陪着大家一起奋斗、一起加班，大家伙儿就都干劲儿满满了。

在李冬凉的带领下，经过全厂职工多年的努力，民航汽车修理厂一跃成为呼和浩特地区十四家一类汽车大修资质企业之一，并且成立了大客车特约维修站，这些成果无不令人欢欣鼓舞。

初次发明，专利保护

2004年，已经调离修理厂的李冬凉收到不少司机向他反映，在夜间行车时，碰到拐弯的地方有照明死角问题，存在很大的安全隐患，司机很有可能在拐弯时因光线不充足撞上山壁或行人，出现重大交通事故。

了解了司机们的困难，李冬凉便想将自己早已封存多年的想法付诸实践。早在李冬凉在地质队当司机的时候，他就发现车辆行驶在山路上，遇到弯道时，照明区域存在盲区，容易引起意外交通事故。特别是在道路崎岖且照明条件差的道路或现场杂乱的施工工地上行车，更是存在极大的安全隐患。

意识到问题的严重性后，李冬凉就开始琢磨怎么才能让灯光随着车轮转向。这个问题困扰了他很久，直到一天夜里，他坐在院内乘凉，灯光下聚集了很多小飞虫，乌泱泱的一大群，看得他头皮发麻，他将头转过去，不想看它们，可是眼睛总是控制不住地望向那些小飞虫。

忽然，一个想法从他的头脑里冒了出来，如果将车头比作脑袋，车灯比作眼睛，将车灯连接在车辆转向机处是否就可以解决照明死角这个问题呢？奈何当时的地质队根本不具备改造车辆的条件，现在，同样的问题又出现在他眼前，李冬凉知道机会来了，念头又起，他便马不停蹄地去了一趟民航汽车修理厂。

到了修理厂后，他找了几个修理技术好的老师傅一起来到维修地沟，阐述了自己改造汽车车灯的构想。尽管李冬凉的创新精神和卓越的汽修技术早已深入人心，可是初次听到这个想法，还是引起了一片愕然。毕竟，在当时的条件下，要成功改造一辆汽车，堪称是一件挑战极限的任务。

如大家所预料的那样，汽车的改造工作并不顺利，一次、两次……一次次的失败让很多人失去了信心，可李冬凉并没有放弃，他相信只要坚持下去，总有一天会成功的。

在不知经历多少次失败后，汽车扫描照明灯终于成功通过了实验。整个团队兴奋得不得了，大家为改造成功而高兴，也为李冬凉的坚持庆幸不已。团队中一个成员建议李冬凉将这项改造申请国家专利，这个提议让李冬凉有些疑惑："就一个改造能申请专利吗？"这是他第一次听到有关专利的事情，心中不免怀疑。不久之后，他得到了答复，这个项目确实具备申请专利的条件。经过一系列申报审核，这项发明获得了国家专利，成功解决了夜间行车照明死角的技术难题，引起了广泛的关注和赞誉。这次成功的经历让李冬凉开始意识到专利的重要性，拥有专利可以为他的团队带来更多的机会，同时能促进技术创新，推动行业发展。从那时起，他开始关注专利申请的相关流程和法律法规，积极学习和应用专利知识，保护和发展自己的创新成果。这次经历也让他明白，除了技术和创新能力，对专利知识的了解和运用也是一个劳动者必备的素质之一。他相信，合理使用专利的保护和运用知识，将能够更好地为自己的团队和行业作出贡献。

全执照司机

2004年，内蒙古航空港出租汽车有限责任公司挂牌成立，李冬凉任运营保障部经理。

⊙ 李冬凉（左）给同事讲解如何精准测量工件数据

在任职期间，李冬凉时刻铭记民航人的"三个敬畏"原则，他常想怎样改造设备，怎样培训，怎样开车才能将特种车驾驶员的驾驶风险降到最低。但是理论想要贴合实际，必须经过实践的检验，为此，他开始熟悉每种车型，苦练各种本领。功夫不负有心人，2005年，李冬凉取得了12种民航特种车型的岗位操作资格，从一名大客车司机成为当时内蒙古民航特种车的"全执照司机"。

初中未毕业一直是李冬凉心里的一道坎，为了提高自身的文化水平，他报考了内蒙古农业大学的函授班，成了一名名副其实的大学生，弥补了初中辍学的遗憾。他说："不管什么年龄，处于什么地位，都要学习，只有不断地充实自己，才能在日新月异的民航业中发现那些因时代变革而产生的安全隐患。"

 **第三章　茁然而立，根深叶茂**

扫码解锁

◉群英颂歌 ◉双料大师
◉筑梦航空 ◉奋斗底色

"造飞机"梦想实现

2006年，李冬凉任内蒙古空港地面服务有限责任公司站坪部经理，负责新入职学员的培训工作。面对新入职的学员，李冬凉深思熟虑，思考该如何对他们进行培训。

在民航领域中，特种车辆驾驶员扮演着非同寻常的角色。他们需要与航空器近距离接触，操作各类车辆来执行保障任务。这项工作需要驾驶员具备卓越的技术能力。一旦出现操作失误，车辆可能会与航空器发生剐蹭，不仅会导致其他车辆受到延误，还可能造成巨大的经济损失，甚至对安全构成威胁。因此，特种车辆驾驶员责任重大，需要具备高度的专业技能并严格遵守操作流程来确保车辆能够安全和高效地运行。

为了保证特种车辆驾驶员的安全操作和高效作业，李冬凉决心制订一套完善的培训计划，对新入职的学员进行全面的培训，其中既要包括技术层面的培训，也要包括对安全意识和应急处理能力的培养。

历经数个日夜的辛勤努力，李冬凉终于将培训计划打磨至成型的阶段。然而，另一个严峻的问题出现在了他面前——如何有效的开展行实操训练。

他发现行业内并没有适用的培训方式可供参考，更没有模拟设备可以让学员体验真实的航空场景，特种车辆驾驶员更无法在真实的飞机上进行训练。他们只能依靠简易的训练设备，比如，对着标有刻度的白墙进行客梯车对接舱门的训练，或者推动将近一吨重的移动简易三脚架进行牵引车训练。这种无法模拟实际保障环境的训练导致了标准不统一、训练效果不佳等问题。

一系列问题导致了驾驶员无法通过培训真正掌握驾驶操作技术，这为他们在实际工作中能够安全操作带来了极大的不确定性。驾驶员们时时面对着对接飞机保障时的心理压力，这让作为管理者的李冬凉也倍感沉重。没有足够的真实模拟训练，安全隐患如同隐形利剑，潜伏在各个角落，给整个民航保障工作都带来了很大的风险。

驾驶员需要在真实场景中进行充分的模拟训练，这是确保他们能够熟练应对各种复杂情况的关键。李冬凉认识到这一问题的严重性，深感责任重大，决心寻找能够真实模拟特种车辆保障环境的方法。他清楚地认识到，只有彻底解决这个问题，才能确保民航保障工作的安全和高效。

于是"造飞机"的念头出现在了他的脑海中。他下定决心要造出一台和真飞机相似的、具备基本功能的、可移动的，集推、拖、

⊙ 李冬凉在制作模拟器样机机头部分

牵引于一体的，能对接客、货舱门的模拟设备，彻底摆脱特种车实操培训的困境，让学员在没有真飞机模拟训练的情况下也能达到一样的实景训练效果，保证上岗实操的安全性。

当他想到要制作模拟设备时，难题接踵而至。他从未涉足过模拟设备的制作领域，对飞机的尺寸和构造也毫无概念。面对这些挑战，他陷入了困境，不禁思考着该如何应对。

李冬凉深知，闭门造车是无法解决问题的。他决定采取团队合作的方式，借助集体的智慧来攻克这一难题。于是，李冬凉组织了一个由多领域专家组成的小组，包括机场设备维修部门的工程师和技术专家，以及相关领域的航空工程师和设计师。团队成员们各自发挥自己的专业优势，共同探讨解决方案的研究与制定。

在团队的鼎力支持下，李冬凉逐步了解了飞机尺寸及构造，同时，团队还为实现飞机模拟训练设施的建造提供了宝贵的资源和专业知识。正是得益于团队成员的集体智慧，团队成员的集体智慧使最终的解决方案更加全面、切实可行。

经过半个月的不懈努力，李冬凉终于将"造飞机"的相关材料梳理得井井有条，充满信心地找到领导进行汇报。领导对李冬凉团队的创新构想给予了高度认可，并当即表示支持。

在支持的同时，领导也提出了一个要求：必须先制定预算并经过审核签字后才能进行正式审批。李冬凉这样一个技术工人，修理机械可能是轻而易举的事情，但制定预算却让他感到头疼。

于是，李冬凉咨询了专业人员和财务人员的意见。经过一番深入的探讨与分析，他们共同估算出所需的资源、材料及成本等关键数据。在财务人员的指导下，他们逐步掌握了制定预算的技巧与流程，逐项列出相关费用。

在制订预算的过程中，李冬凉也遇到了不少困难和挑战，比如经常需要与供应商磋商、细致的研究报价、精挑细选最优解决方案等。他通过不断学习和掌握相关知识，从每一个细节中发掘潜在节省成本的机会，并逐步完善和改进预算方案。

经过不懈的努力，李冬凉终于成功地制订了合理可行的预算方案。

然而，就在他即将向领导呈递预算报告时，北京奥运会盛大开幕的消息传来，呼和浩特白塔机场荣幸地被选定为首都机场奥运会的重要备降机场。这一重大变化使得机场的各项工作变得尤为紧迫，必须立即投入到紧张的筹备工作中。作为机场的核心工作人员，李冬凉肩负着多项关键任务，包括特种车辆的保障、旅客和行李的安全运输、货物的顺畅流通等。面对这一系列重要的职责，他原本"造飞机"的计划不得不暂时搁置。

在对特种车辆保障的整个流程进行评估后，李冬凉唯一担心的问题就是驾驶员是否能顺利完成保障任务。因此，在整个奥运会期间，这个问题如影随形，成了他心头挥之不去的牵挂。有时，他甚至连续好几个夜晚都因此辗转反侧，难以入眠，心中充

⊙ 李冬凉在制作模拟器样机

满了焦虑与担忧，总是害怕出什么纰漏，导致安全事故的发生。

在奥运会保障期间，机场除了会用到摆渡车、客梯车、牵引车等常用特种车型外，还会用到一些不常用的车型，如空调车、残疾人登机车、垃圾车等。为了提高特种车驾驶员的技能，让他们尽快熟悉这些不常用的车型，李冬凉自愿牺牲休息时间，刻苦钻研车辆操作技术，还亲自示范操作，帮助大批驾驶员取得了相关车型的操作资格。

无论是否值班，只要无需动用常规车型，李冬凉都亲自到现场进行指挥和监督，坚决杜绝任何操作不当的情况发生。他深知这些不常用车型的操作风险，因此不遗余力地确保每位驾驶员都能安全、熟练地操作这些车辆。

除了在现场指导操作外，李冬凉还在车辆应急处理方面总结出了可操作性极强的应急处理方法，丰富了对新增车型的应急处理经验。他还为新增车型的应急处理填写了详细的台账，这令厂家的随车教员都对他赞不绝口。

随着奥运会的圆满落幕，各项工作逐渐回归正轨，然而，李冬凉却依旧辗转难眠。他心中牵挂着的那项"造飞机"计划，如今似乎陷入了困境。这个计划的停滞，意味着他无法实现自己憧憬的，以更高效、更安全的方式培训学员的愿望。只能被迫延续那种陈旧笨拙的传统方式。李冬凉深知，新技术、新方法能够极大地提升操作的安全性和效率。然而，现实的无奈却让他不得不回归到过去的培训模式，这让他深感沮丧与无奈。

转眼，七年过去了。李冬凉渐渐认为自己"造飞机"的计划只能是一个无法实现的梦想。但接下来发生的事情出乎李冬凉的意料。

2012年，内蒙古自治区职业技能大赛把赛事地点选在了呼和浩特机场，但当时缺少特种车辆比赛的专用设备。当李冬凉得知这一情况，他燃起了希望，认为这是一个难得的机会。

他迅速将制作模拟器的想法向领导做了详细汇报。他向领导分析了模拟器的优点，特别强调了安全方面的内容。内蒙古自治区民航机场集团和地面服务分公司的领导听完后立即决定大力支持他的工作。

李冬凉随即组织了一支队伍，成立了制作组，大家齐心协力，开始着手"造飞机"。

李冬凉不会使用CAD制图，只能自己动手制作一个小型的飞机模拟器，以便清晰地认识飞机的运作和控制结构。

他悉心筹备了形态各异、质地多样的材料，运用切割、敲打和焊接等技术，制作出了一个精美的袖珍版飞机模拟器。每一处焊接的严谨、每一块材料的巧妙拼接，都承载着他对飞机制作的热爱和执着。他倾注了大量时间和精力，反复打磨每一个细节，力求模拟器的外观和结构与真实飞机毫无二致，确保其完美再现飞机的精髓。

⊙ 李冬凉为内蒙古自治区职业技能大赛赶制模拟设备

在模型完成的那一刻，李冬凉难掩喜悦，心中充满成就感。这虽然只是一个小小的模型，但对于李冬凉来说，它象征着自己对梦想的不懈追求，是他迈向梦想的第一步。

随后，李冬凉特邀了一位资深工程师，共同携手绘制飞机模拟器的精细图纸。这位工程师凭借其精湛的专业技能，进行了详尽的测量与细致的观察，精准地把握住了模拟器的每一处细微特征，并据此绘制出了比例精确的放大图纸。这些图纸不仅详尽无遗，更是包含了模拟器的所有细节和部件，为制作过程提供了坚实的依据，确保了模拟器的精准度和复原度得以完美呈现。

李冬凉将详尽的图纸交付给工厂后，便启动了零部件的精密加工制作程序。这些零部件包括机翼、机身、机尾以及各类精密的连接件和装置，它们都是构建飞机模拟器不可或缺的部分。在与工程师们的紧密合作下，李冬凉对每一个细节进行了严格的检查和确认，确保每一个零部件都符合标准，从而确保最终制作出的飞机模拟器能够与真实飞行器相媲美。

不久，零部件加工顺利完成，它们被有序地运送至呼和浩特机场的机坪场地。李冬凉组织了一支由焊接工人组成的团队，着手对这些零部件进行细致的组装与焊接工作。鉴于飞机模拟器的结构错综复杂，仅机头部分就包含超过3700个焊接点，且每个焊接点都需精准安装与焊接，李冬凉和他的团队不厌其烦地反复检查和调整每一个焊接点。他们细致入微地进行组装，力求打造出

⊙ 李冬凉在工作室为即将完成的第一代航空模拟器样机做调试

一款完全符合真实飞行器标准的飞机模拟器。

为了避免返工，李冬凉和他的团队成员每天吃住在一起，将每一步都精准落实。他们加班加点，付出了很多的努力和时间。即使胳膊上被烫伤好几处，他们还是鼓足勇气，继续奋斗。

经过三个多月的不懈努力，他们终于成功地制作出了一台以A320标准拖把长度为基础，以真实飞机为原型的可移动航空模拟器。这台可移动航空模拟器不仅符合飞机的实际标准，而且在制作过程中，团队成员们对每一个细节都进行了精心的考量和处理，确保了设备的稳定性和可操作性。

制作可移动航空模拟器的过程中发生了一个小故事。组装焊接主体框架完成后，下一步需要现场吊装11个舱体龙骨架和为180多平方米的外部表面蒙皮，这些工作都需要在距地面6米高的位置进行。

然而，雇用外部吊车操作并不现实。首要原因是机坪属于严格管控的区域，外部车辆未经许可不得擅自进入，即使办理了相关出入证件，也受到严格的时间限制。其次，无论是按照台班计时收费还是按照起落吊钩次数计费，其费用均高达2万元，而当时项目的剩余预算显然无法承担如此高昂的租赁费用。

这个困境让在场的所有人都感到无能为力。没有吊车可用，他们就陷入了巧妇难为无米之炊的境地。然而，李冬凉并没有被困难打败，而是绞尽脑汁寻找解决方案。

⊙ 同事们正在用李冬凉设计制作的土吊装架传递大型零部件

经过一番思考，李冬凉决定自己设计、研究并制作一个土吊装架。这毕竟是一个全新的领域，对于如何着手制作，他可谓是一无所知。为了能够深入理解吊车吊装工件的过程与原理，李冬凉特意前往建筑工地，仔细观察吊车吊装作业的全过程。经过两天的观察后，终于初步有了一些想法。

有了想法后，李冬凉立刻付诸实践。在短短的20多天里，他设计并制作了一个简易的土吊装架。这款吊装架利用叉车作为动力源，通过两辆叉车之间的巧妙传递，实现了高达7米的托举高度，而一般的叉车只能达到4米的高度。

最终，在李冬凉及其团队的共同努力下，他们成功地将重达几百公斤的11个龙骨架和180多平方米的外蒙皮安装到了距离地面6米高的机身上，圆满完成了第一代可移动航空模拟器的安装工程。整个吊装过程进展顺利，复位工作也出色完成。这一创新举措不仅成功解决了模拟器的安装难题，还极大地节约了吊装成本，为团队提供了高效且经济的解决方案。

第一代可移动航空模拟器总长达15米，翼展达10米，高度达6米，重量约为16吨，内部的客舱面积达到了40平方米，货舱面积为3.5平方米。这个模拟器完全由手工制造，是当时国内民航系统中最大型且唯一的可移动航空模拟器。

这架模拟器的出现填补了民航业特种车辆培训的空白，使该行业领域的培训前进了一大步。它可以满足岗位练兵和技能比武

⊙ 第一代可移动航空模拟器

的需求，通过使用模拟器，特种车辆驾驶员可以进行真实场景的训练，有效提高他们的技能水平和应对能力。

在内蒙古民航机场集团承办的2012年内蒙古自治区职业技能大赛中，第一代可移动航空模拟器首次亮相，引起了广泛关注。为确保大赛的公平、公正和公开，避免人为因素对比赛成绩造成影响，李冬凉精心设计了45度转弯报警系统，并将其安装在模拟器前起落架转盘的位置。同时，他还利用古代倒装壶水平原理，制作了一个平稳度测试仪器，为大赛提供了准确、科学的评判标准和技术数据，也提高了牵引车驾驶员操作精确度。第一代可移动航空模拟器在内蒙古自治区百万员工劳动竞赛特种车辆驾驶员技能大赛中，获得了组织者和全体参赛人员的一致好评，圆满完成了大赛对于各类特种车的保障需求，李冬凉团队最终圆满地完成了这项艰巨的任务。

比赛结束后，第一代可移动航空模拟器成为特种车辆驾驶员日常培训不可或缺的得力助手。借助这一模拟器，驾驶员们能够轻松开展牵引车、客梯车、平台车、传送带车等多种车型的培训，极大地丰富了训练内容。模拟器的出现使特种车驾驶员告别了依靠墙面、简易铁架子进行培训的时代，真正提高了特种车驾驶员培训的实战性。正如李冬凉所言："以前的培训要么无处练手，要么与实际相差甚远。有了模拟器，学员们仿佛手握真刀真枪，有了实实在在的保障。"特种车辆驾驶员在培训过程中，能够模拟日常飞机保障的真实场景，这不仅提升了培训的实战性，更在很大程度上降低了驾驶过程中的安全风险。

2012 年，内蒙古机场集团地面服务分公司成立了以李冬凉名字命名的班组建设活动室（李冬凉创新工作室前身）。

活动室内设备、工具一应俱全，活动室成员可以在这里进行各种实验和研究，开展创新项目和工程。活动室成了鼓励员工不断探索和创新的重要平台，活动室的建立既激励员工尝试新思路，大胆创新，又为企业的发展注入新的活力和动力，同时，展现了内蒙古民航机场集团对员工创造力和创新精神的重视。活动室为员工提供了更多施展才华的空间和机会，激发了全体员工的工匠精神和创新意识，推动了企业的技术进步和创新发展。

第二、三代可移动航空模拟器诞生

在第一代可移动航空模拟器取得成功后，李冬凉很快启动了第二代可移动航空模拟器的研发工作。时间来到了2014年9月，首届中国民航航空器地面设备大赛即将举行。为了确保比赛评定的公正，调查组开始在各大机场开展评估工作。

呼和浩特机场的评定工作也在其中，调查组对场地设施和模拟器技术进行了详细检查和评估，最终对机场的条件和模拟器的性能给予了高度评价。考虑到呼和浩特机场具有举办自治区级比赛的经验，且拥有全国唯一可移动的航空模拟器，调查组一致决定将比赛场地确定为呼和浩特机场。

比赛场地确定后，各大机场抽调了一支由专业技术人员组成的 18 人专家组，李冬凉也列位其中。众多专家齐心协力，开始制定比赛方案并选择比赛车型。经过多次研讨和分析后，最终确定了比赛所需的三种车辆类型：牵引车、客梯车和平台车，以确保比赛的公平性和安全性。

尽管已做了充分准备，但仍有不尽如人意之处。呼和浩特机场仅有一台模拟器，这极可能导致比赛时间的拖沓。鉴于参赛人员均是各大机场的佼佼者，比赛时间的延长会对各大机场的运营产生不利影响。为此，李冬凉果断决定再制作一个模拟舱，以作为客梯车与平台车比赛的用具，确保比赛的顺利进行，并为参赛选手们提供最佳的训练和竞技环境。

已拥有第一代可移动航空模拟器制作宝贵经验的李冬凉团队迅速将各项数据汇总整理起来。为了便于讲解，李冬凉亲自制作了一台微型模拟舱。这个微型模拟舱可以用来向其他人员具体讲解模拟器的工作原理和使用方法。

经过周密准备，李冬凉带着微型模拟舱前往中国民用航空总局进行汇报。他深知汇报对于项目的推进至关重要，所以他携带了所有必要的文件和资料，以确保能够对项目进展进行全面而清晰的展示。

在中国民用航空总局的汇报会上，李冬凉用心讲解了第一代可移动航空模拟器的成功制作经验，并详细介绍了第二代可移动航空模拟器的研发计划和进展情况。他向与会人员展示出微型模拟舱，通过实物演示和讲解，让大家更直观地了解了模拟器的功能和作用。

汇报结束后，李冬凉对自己的汇报成果感到非常满意，在与会人员的积极反馈和支持下，他坚定地相信第二代可移动航空模拟器将在不久的将来取得更大的成功。

回到呼和浩特机场后，李冬凉便迅速集结团队，投入到第二代可移动航空模拟器的紧张制作中，期待着为未来的航空事业贡献更多力量。

第二代可移动航空模拟器作为国家级二类竞赛的专用设备，出色地完成了赛事保障任务。在比赛过程中，二代模拟器展现了其卓越的性能，为比赛的顺利进行提供了有力的支持。

与此同时，模拟舱充分彰显了团队在技术创新与研发领域的卓越实力，项目团队在同年便积极申请了国家发明专利。这一专利的成功获得，不仅是对团队长期不懈努力和创新思维的肯定与认可，更为团队及整个行业未来的长远发展奠定了坚实而稳固的基础。

⊙ 第二代可移动航空模拟器

此外，模拟舱还荣获了内蒙古自治区职工技术创新成果二等奖，这一殊荣无疑是对团队在技术创新道路上付出的辛勤努力的高度肯定，更是对团队的一次极大鼓舞。

第二代可移动航空模拟器不仅缩短了比赛进程，令比赛更高效，更为行业的人才培养贡献了力量，为新入职的特种车辆驾驶员训练作出了巨大贡献。使用第一代和第二代模拟器，驾驶员在训练时可以真实地体验到驾驶中需要特别注意的问题。同时，他们可以体验到特种车辆在行驶过程中与航空器对接时所面临的复杂挑战，增强对驾驶技能的理解，不断适应驾驶环境。

通过模拟器的使用，新入职的特种车辆驾驶员可以在一定程度上提前适应工作环境和操作情景，获得更为真实和全面的训练体验，让他们能够更加从容地应对实际工作中可能遇到的挑战和风险。

这项创新技术为特车司机的培训和驾驶技能的提升带来了革命性的突破，为航空器与地面特种车辆之间的协调工作提供了更为完善的支持和保障。

两次创制模拟器都取得了成功，但李冬凉并没有停下前进的脚步。他目光坚定地注视着训练场上的两台模拟器，总觉得其中似乎仍有些许不足。为了更好地了解特种车辆与航空器对接的真实情况，他悉心倾听多位学员首次进入机坪、使用特种车辆对接航空器的宝贵体验。许多学员表示："对于小型航空器，还能应对自如，但遇到像A320这样的大型航空器时，就感到有些不确定（能否对接成功）了。"

这些学员的反馈直接指出了问题所在，即现有的模拟器无法真实模拟大型航空器的复杂情况。驾驶员在进行与大型航空器对接的操作时，还缺乏足够的准确度和信心。如果有一个大型模拟器供学员练习，让他们能在实际场景中与大型航空器进行对接，就能提高他们的技能，增强他们的信心。

李冬凉深刻意识到了这个问题的重要性和迫切性。他计划造出一架可以用于多方位演练的飞机模型，以帮助驾驶员更好地应对对接大型航空器的挑战，提高他们的专业能力和自信心。

从2016年开始，李冬凉及其团队不断总结创制前两台模拟器的经验，并针对其不足不断进行改进，历时两年，完成了第三代可移动航空模拟器的组装和调试工作。模拟器在外观上与实际的A320飞机非常相似，其机身长度为37米，翼展为30米，机身高度为6米，尾翼高度为11.5米，重量约为50吨。三代模拟器能够模拟不同机型（从ERJ190到波音宽体767）的升降变化，集成了13种不同的特种车辆培训功能。

借助第三代可移动航空模拟器，特种车辆驾驶员的培训得以实现全面性与综合性的提升，涵盖了与各类机型的精准对接、应急救援演练、消防技能培训以及反恐防暴演习等。这一创新技术不仅显著降低了特种车辆培训的成本与风险，更在很大程度上提

⊙ 第三代可移动模拟航空器

升了机场运营的安全性。在2020年，第三代可移动航空模拟器更是在内蒙古自治区第一届职工技术创新成果展中脱颖而出，荣获一等奖，并正式投入市场，开始其实际应用之旅。

第三代可移动航空模拟器的问世解决了内蒙古地区各机场特种车辆驾驶员培训的难题，使内蒙古机场成为全国唯一一家拥有三架航空模拟器、可以开展各型号民航特种车辆培训的机场。这一成就不仅提升了机场集团的专业能力和声望，还为内蒙古地区的民航事业的发展做出了积极的贡献。

当被问及是什么力量支撑他完成了三架模拟航空器的制作时，李冬凉稍作沉思后回答："一方面，我一直以来就对修理和改装这些东西（车辆机械）有着浓厚的兴趣；另一方面，我从未有过轻易放弃的念头，无论面临何种原因。"

据统计，自第三代可移动航空模拟器投入使用以来，呼和浩特机场地面服务部已经为超过2800人次提供特种车辆驾驶员培训及复训服务。

从来不是单打独斗

在持续优化模拟器的外观与功能设定，以及不断提升特种车辆驾驶员培训质量的征途中，李冬凉将创新工作室打造成攻克特种车辆培训难题的关键枢纽。在这个平台上，团队成员们每日紧张有序地投身于研发、测试及迭代改进的工作中，为民航特种车辆培训事业提供了坚实的硬件支撑，持续驱动着民航特种车辆专业培训工作向前发展。

李冬凉和他的团队立志要在特种车辆培训领域创造更多的可能，为民航行业的发展贡献自己的一份力量。他们坚信，只有不断追求创新、提高培训质量，特种车辆驾驶员们才能在实际工作中游刃有余，才能确保机场运行的安全和高效。现在，李冬凉创新工作室已经成为民航特车培训领域的重要推动力量，为整个行业培养出了许多高素质、高水平的专业人才。

在呼和浩特机场着力打造"绿色机场"，倡导"打赢蓝天保卫战"的大背景下，李冬凉把目光聚焦到了"油改电"领域。他深入研究了新能源汽车，并努力推动太阳能补充发电装置在摆渡车上的使用。经过不懈努力，他的团队成功研发出了一种摆渡车太阳能补充发电装置，并获得了专利技术。这项创新技术已经开始在新能源摆渡车上得到应用，为呼和浩特机场的"绿色机场"建设添砖加瓦。

近年来，李冬凉带领创新工作室成员完成电源车、牵引车、除冰车等多项自主维修工作，节约维修费用1000余万元。李冬凉以实际行动践行了"绿色机场"的理念，通过技术创新为民航行业的可持续发展作出了积极贡献。李冬凉团队的努力和创新精神为机场的环保和安全工作注入了新的活力和动力。

在模拟器创制技术不断推陈出新的过程中，李冬凉创新工作室还推出了行李拖车控制连接销的压把设计，消除了拖斗与行李牵引车脱钩的安全隐患。在这项成果问世之前，全国多个民航机场都频繁发生过行李车与行李拖头脱钩的事故，是机场运行安全的巨大隐患。李冬凉深入研究了这个问题，发现只需花费4元钱，加长行李拖头内的压把装置，就能对驾驶员起到很好的提示作用，确保拖头与行李车挂钩完全挂好，解决脱钩问题。

这项小改进得到了内蒙古自治区各机场的广泛应用，有效提高了行李运输的安全性和可靠性，为机场运行安全贡献了重要力量。李冬凉的创新精神和务实作风为民航行业的安全生产和发展贡献了自己的一份力量。

除了行李拖车控制连接销的压把设计外，李冬凉创新工作室还开发了其他一系列创新设计。其中包括可自动收回的大托盘支架，这一设计将原本需要两人协作的复杂任务，巧妙地转化为只需一名行李牵引车司机即可轻松完成。此设计不仅极大地提升了操作效率，还显著降低了人力成本。

此外，他还设计制作了轮胎安装压力机，成功将原来耗时数小时、依赖大锤进行的轮胎拆卸的工作大幅缩减至仅需约10分钟

⊙ 李冬凉（右）与技术人员在现场探讨问题

即可完成。这一创新举措不仅提升了工作效率，更极大地减轻了员工的体力负担。

还有传送带车货物限高装置、除冰车吊斗支架改装等一系列成本在千元以下的小创新。截至2017年底，公司已经实施了17个创新项目，这些创新项目有效提升了各部门的保障效率，降低了安全风险，为公司的发展作出了积极的贡献。这些创新成果获得了首都机场、集团公司等各级组织的高度表彰和奖励，同时也得到广大员工的认可和好评。李冬凉创新工作室通过不断推陈出新，为公司提供了更加高效、安全和可靠的设备及工具，也进一步保障了人员安全，减轻了工作人员的负担。

李冬凉深深认同一句话："一个人的力量是微弱的，就像海上漂流的鲁滨孙一样，只有和大家并肩作战，才能做出一番事业。"这句话完美地概括了个人与团队之间的关系，点明了合作与团结在工作中的重要性。他深知在面对复杂的问题和挑战时，个人的力量是有限的，只有与团队成员紧密配合、互相协作，才能够实现更大的目标，取得更好的成果。正如鲁滨孙在荒岛上需要与人合作才能生存并战胜重重困难一样，李冬凉也深知，在职业生涯的征途上，只有与他人一同努力、并肩作战，共同抵御风险和挑战，才实现共同的事业目标。

培训特种车辆驾驶人才

随着内蒙古民航特种车辆培训学院的成立，充满责任心的李冬凉瞄准了特种车辆驾驶员培训的又一个难题：随着内蒙古自治区民航业发展规模的扩大，各种新型车辆不断引进，学习车型的随车资料、流程手册成了驾驶员面临的难题，因为多数学员实操技能强，但文化程度有限，理论学习能力相对薄弱。

"我是一名老党员，始终坚守着一个信念：无论身处何种岗位，都必须坚守那份责任。在修车那些年，我就想一定要修好车，练好技术；来到民航后，我就想要开好车，确保安全；后来担任地面服务公司站坪部经理的时候，我更加关注的是让驾驶员弟们都能练好车、提升驾驶技术和能力。"李冬凉说。一席简单的话，潜藏的是一份沉甸甸的责任心。

他牵头以特种车辆教材为脚本，着手制作了特种车辆教学视频教材。经过一年多的努力录制、精心修改和完善，他们已完成了客梯车、平台车等8种车型的教学视频拍摄，是民航业内首个特种车辆教学视频资料。这些教学视频内容简洁明了，易于学习操

⊙ 李冬凉（前）在内蒙古民航特种车辆培训学院培训现场

作，同时特别添加了常见故障的应急处置办法，使教材在实用性上有了很大的提升。

这一创新得到了领导和同行的高度认可和赞赏。他们纷纷表示，这样的特种车辆教学视频教材不仅填补了行业内的空白，还为广大驾驶员提供了更为直观、实用的学习工具。

在视频教材编写完成后，为了实验教材是否具有适用性，李冬凉特意邀请了一位具备手动挡汽车驾驶经验，却未曾涉足特种车辆操作的普通驾驶员同事。他请这位同事按照教学视频的指导，操作客梯车对接模拟器。在他的监督下，这位同事竟然也成功完成了客梯车的精准对接。这也从侧面彰显了教学视频的实用性和有效性。

经过测算，教学视频使用后，民航特种车辆驾驶员的培养周期由原来的三个月缩短到一个半月，大大节省了人工成本和人力资源。同时，也为特种车辆驾驶员的培训提供了更加全面、系统的支持，为民航行业的安全生产和发展贡献了积极的力量。

在编写教材的过程中，李冬凉也在不断学习新知识。他开始学习如何使用电脑打字，将自己写下的内容输入到电脑里。对他来说，打字的过程十分困难，所以他的桌子上经常放着一本《新华字典》。与别人用字典来查找生字不同，他是用字典来查找拼音，以便在键盘上找到相应的字母。当遇到了会写但不会拼的字时，他会翻开字典，对照着字典上的拼音，一个字母一个字母地在电脑上输入。当遇到会拼不会写的字时，他会翻开字典，寻找与目标字音相近的字，再对照字典将字母一个一个地输入电脑，这样才能找到他需要的字。

李冬凉在打字时动作非常慢，而且看起来有点可笑。因为他的动作很特别，所以大家给他取了个绰号，叫作"一指禅"。

可就是在"一指禅"的带领下，内蒙古民航机场集团成立了特种车辆培训学校。李冬凉就此踏上了教学岗位，为内蒙古自治区各支线机场和地方院校培养民航特种车辆驾驶员。

学员需要在包括操作特种车辆的技能、航空知识、特种车辆故障处理和应急处置等方面提升技术技能。与在岗学员不同，社会学员在培训时有更广泛的学习需求，他们可能需要从零开始学习特种车辆驾驶技能，因此，这类学员需要更加系统和全面的培训。虽然学校培养出来的学员有着较为扎实的驾驶技能和航空知识，但在实际工作中还存在一些不足之处，例如应对复杂情况时的处理能力以及跨领域应对多种故障的技术能力往往存在不足。

在教学实践中，李冬凉总是能做到因材施教，根据学员的实际情况有针对性地进行培训和辅导，使学员达到最佳学习效果。

在他的带动下，越来越多的支线机场特种车辆驾驶员来到内蒙古机场集团地面服分公司参加培训。目前，内蒙古民航机场集团地面服分公司已为内蒙古民航机场集团所属的多家支线机场提供2000余人次的员工培训、复训工作。可以说，李冬凉及其团队为全区各民航机场的特种车辆培训作出了突出的贡献，提高了整个地区民航特种车辆驾驶员的技能水平，为民航业的安全运行和良性发展作出了重要的贡献。

创新团队的信仰与坚持

李冬凉的团队最初仅由他和身边的几个好友组成，这几位朋友都有着共同的理想和目标，他们愿意与李冬凉一同努力、共同创业。2015年，内蒙古民航机场集团地面服务分公司本着"技术创新促安全、科技创新促发展、管理创新促提升"的理念正式成立了李冬凉创新工作室。

李冬凉创新工作室在成立之初即确立了以技术创新为驱动力的发展方向，工作室以技术改造、科技创新、培训服务为主要功能，紧紧围绕安全生产保障、日常经营管理、特车人才培训等实际需要开展创新工作，以解决生产保障中的重点、难点问题。工作室致力于凝聚广大职工的创新智慧，把一线员工的创造力转化为生产力，提高运行保障水平，提升特车人才技能，发挥降本增效作用，努力成为企业管理创新、技术创新和机制创新的"发源地"，为企业的品质化发展提供源源不断的动力，为内蒙古民航机场集团地面服务分公司注入新的活力和能量。

工作室坚守"以人为本，团结奋进，追求卓越"的核心价值观，汇聚了一批具备大局观和创新思维的人才。李冬凉，作为工作室的主要负责人和中共党员，他在民航特种车辆领域耕耘了29年，荣获了全国五一劳动奖章、内蒙古自治区劳动模范、首都机场最美国门人、北疆工匠、空港工匠等多项荣誉。他以勤劳努力、踏实奉献的精神，引领着工作室不断前行。在他的带领下，工作室创新制作了航空模拟器、轮胎安装压力机、大托盘支架等多项研究成果，这些成果不仅保障了安全生产，还极大地提高了特种车辆驾驶员的培训效率，为企业节约了大量的维修成本和人力物力，作出了卓越的贡献。

工作室目前共有成员15人，主要由内蒙古民航机场集团地面服务分公司站坪部、货运部的员工组成，他们大部分是特种车辆驾驶员，本身就是一支维修经验丰富的团队。工作室目前设置主任1名（由李冬凉担任），理事3名，管理工作室日常事务。在李冬凉的带领下，工作室不断凝聚创新精神，集聚创新智慧，在传送带车限高架、绩效考核系统、文档管理系统等方面取得了众多成果，并培养出了民航五一劳动奖章和全国"技术能手"荣誉称号获得者李晓伟、全国民航"金牌员工"和首都机场集团内部培训师获得者孙凌波等优秀人才。

团队成员们工作经验丰富，专业技能精湛，勇于尝试新事物，

⊙ 李冬凉（右一）在特种车辆实操培训现场给学员讲解技术要领

善于将创新理念付诸实践。在他们的共同努力下，工作室营造了一种浓厚的创新文化——"追求创新、敢于突破、实现创新、持续创新"。

在这个氛围的鼓舞下，团队积极倡导并实践着鼓励员工提出新想法、尝试新方法的文化。李冬凉相信每个员工都有创新的潜力，工作室极力为员工提供展示新技术、新方法的机会，努力让他们的创新成果得到充分的发挥和认可。开放包容的环境使团队的每个成员都能够充分发挥自己的才能，也使团队内的创新意识不断增强。

工作室的创新氛围也充分调动了广大职工改革创新的积极性，激发了他们在工作中探索新技术、运用新方法的热情和动力。

从"造飞机"到技术创新，再到编写教程，在这些闪亮的成果下，大多数人都猜测李冬凉创新工作室不管从人员条件还是办公环境都应该非常优越。

其实李冬凉创新工作室只有130平方米的活动场地，但是麻雀虽小，五脏俱全，这间并不算大的工作室被划分为资料室、工具室、操作室和展览室，仅有两张工作台，供工作室成员日常操作使用。

在资料室的一面墙上挂着一个极富寓意的标识——李冬凉创新工作室的LOGO。标识整体轮廓为一个"方向盘"形象，象征着对机坪运行保障车辆的引导与控制；标识的中心是一架航空器，

⊙ 李冬凉（左二）在创新工作室与工作室成员探讨项目推进方案

代表着工作室的核心任务是确保航空器的安全进出港，整个LOGO的寓意即是"把方向，保安全"。这一标识清晰地传达出工作室的使命，即通过不断提高安全运行水平，提升保障能力，为航空器的安全运行贡献力量。

展览室的墙上挂满了李冬凉创新工作室所获得的荣誉证书及奖状，这些荣誉是对工作室团队的不懈努力和创新精神的肯定。这些成绩也是工作室始终致力于创新改造，为员工提供广阔的创新平台，倡导"人人都能创新"的理念的最好证明。工作室营造了浓厚的创新氛围，也激发了广大员工的创新热情，促使他们积极投身于创新改造的工作中，为民航事业的发展贡献力量。

工作室内的操作间并不起眼，它只是一个普通的机械焊接和加工制作车间。然而，这个普通的车间却承载着李冬凉"造飞机"的梦想。

机械焊接和加工制作是两项基础工艺，李冬凉认为只有通过细致的焊接和精湛的加工才能制造出卓越的模型部件。他在这里不断学习和实践，不断追求技术的突破。每一次焊接和加工都是他迈向梦想的一小步，每一个制作完成的部件都是他梦想中的模型的一部分。

房间的一角摆放着一张由冷轧钢板制成的工作台。这张工作台看着不起眼，却是工作室成员动手实践的主要"场地"，也是众多创新项目和成果的孵化器。工作室成员在这张工作台上相继制作了各种创新项目的样本模型，包括航空器模拟机样本模型、行李车压把延长样本模型、轮胎安装压力机样本模型、传送带车限高架样本模型、模拟航空器机身升降系统样本模型等。这些样本模型是创新的产物，也是对解决实际生产保障工作中的诸多难点问题的实际探索。

通过将样本模型放大、制作，并投入实际使用，这些创新设备就能在一线保障作业中发挥重要的作用。它们有效提高了作业效率，为企业节约了大量的时间成本、人力成本和经济成本。

这张工作台不仅仅是一张简单的工作平台，还承载了工作室成员的智慧和创造力，是他们实现创新梦想的战场。在这张平凡的工作台上，众多创新想法得以成形，通过实验与实践，最终变成了可行的解决方案。

除了操作间还有工具室，工具室里堆满了各种下脚料，李冬凉说："它们可不是垃圾，全都是宝贝，就看你怎么用了。世上没有垃圾，只是放错地方的宝藏。"

最后一个房间是李冬凉的休息室，其实更准确地说是他的书房兼卧室。这个休息室虽然简朴，但李冬凉大部分的思考和学习时间都是在这里度过的。房间靠墙的位置放着一张老旧的单人床，上方挂着一条晾衣绳。床的对面是一张破旧的办公桌和一个矗立在墙边的陈旧书柜，上面摆放着各种书籍，有些已经泛黄。唯一现代化的电器是一台路由器。书柜中的每一本书上都有李冬凉亲手做的批注，当被问及为何要这样做时，他说："如果一本书上没有读者的批注，那这本书就算是白读了。"

在这间简朴的休息室里，李冬凉用自己的文字和思考将书籍变成了属于自己的知识宝库。一本本书籍中蕴含着他的思考和积累，也见证了他不断追求知识和智慧的过程。

李冬凉带领的团队始终坚持求真务实的优良品质，他们用实际行动证明了自己的价值和才能，以创新的思维和务实的行动为民航特种车辆保障的品质化发展贡献了力量。通过持续的研发和实践，团队不断推陈出新，提升和优化特种车辆保障的技术和服务水平。工作室的成员们充满激情和创造力，面对难题时，他们以敏锐的洞察力和专业的技术不断挖掘和创造新的解决方案。未来，他们将密切关注节能降耗的问题，并通过技术革新和管理创新，助力企业的能源利用更加高效，资源利用更加合理，为企业的发展注入可持续发展的动力。李冬凉创新工作室作为创新的引领者，将不断探索和前行。

第四章　巨树参天，硕果累累

 扫码解锁

◉群英颂歌 ◉双料大师
◉筑梦航空 ◉奋斗底色

除冰车锅炉置换项目

对于呼和浩特机场来说，除冰车绝对是低温时必备的特种车辆。在低温降雪，飞机表面结冰时，除冰车会喷洒出加热后的除冰液，在清洁机体的同时还具有一定的防冻效果。

每年即将进入寒冷季节时，呼和浩特机场都会全面开展针对特种车辆驾驶员的除冰车复训工作，并对所有备用除冰车辆进行全面检查，发现任何存在损坏或故障的除冰车辆，工作人员将立即进行维修和整备，以确保在寒冷季节到来时，能够有足够数量的车辆投入使用，确保每一架飞机的正常运营。

特种车辆驾驶员复训工作的重点在于培养驾驶员在寒冷季节的特殊操作技能和安全意识。他们将接受包括除冰车操作、紧急情况处理和在特殊天气条件下驾驶等技能方面的培训，以确保驾驶员能够在极端环境下胜任工作任务，确保航班安全正常地运行。

在对除冰车进行车检时，最主要的是检验除冰车配备的加热锅炉，因为它是除冰车的核心部位，是最重要的组成部分，锅炉一旦损坏，除冰车就算是车况正常，也失去了存在的价值，正因为如此，锅炉的价格也十分昂贵。

2016年初，呼和浩特机场地面服务部在完成航空器除冰雪保障工作后，发现站坪部的两台除冰车出现了故障。经过检查，他们了解到是由于内置锅炉烧坏和加压泵失效导致的漏水，并且车辆无法正常喷射除冰液。其中一台格鲁伯（GLOBAL）除冰车的锅炉故障更为严重。为了解决这一问题，李冬凉联系了GLOBAL除冰车代理商，代理商的建议是更换一个新的锅炉。然而，国内没有这类配件，所以需要从美国的生产商处进口，总费用约为70万元。而且配件的进口流程比较复杂，再加上维修周期较长，极有可能会耽误本年冬季航班的除冰作业。

面对这一挑战，李冬凉和他的团队决心寻找更合适的解决方案。李冬凉试着与其他多家厂商联系，协商比对报价，部分厂商表示可以进行维修，但是不保证可以长期使用。

后来，李冬凉得知包头机场有一台报废的除冰车，这台车上的内置锅炉还可以使用，幸运的是这个锅炉与故障的除冰车使用的锅炉都是GLOBAL厂家生产的。

李冬凉考虑除冰车的耐用性、稳定性和作业安全性，放弃了协商其他厂商的想法，决定自己将报废车的锅炉动手置换到故障的除冰车上。他认为两台除冰车既然是同一个生产厂家，锅炉型号应该相符，只要置换成功就能解决故障除冰车的问题，也能节省高额的人工成本。

⊙ 李冬凉在维修置换除冰车加热锅炉

李冬凉将这个想法汇报给相关的分管领导，并获得了大力支持。领导充分认可该方案的创新性与实用性，认为此举不仅能根本解决问题，还能有效节约成本，实现双重效益。

在得到领导的支持后，又经多方协调，报废除冰车被运到呼和浩特机场，李冬凉和项目组成员便开始动手试验。

他们先进行了详细的调研和测量，确保报废车上的锅炉与故障车上的相适应。然后，他们制订了详细的维修计划，并根据需要购买了必要的工具和备件。

经过两个多月的拆卸、维修和安装，又进行了严格的测试和调试，李冬凉和他的团队完成了除冰车的锅炉置换工作，确保了除冰车正常运行。"新"除冰车预计可继续使用6—8年，种种保障工作为即将到来的冬季除冰作业做好了充分的准备。经计算预估，团队花费的维修费用约10万元，相比厂家的维修报价，节省了近60万元。

李冬凉的创新想法在2016年的除冰季中得到了成功的验证。经过锅炉置换并投入使用的除冰车在整个除冰季的运行保障中表现良好，未发生任何锅炉故障现象。这样的成果证明了李冬凉创新想法的有效性。他敢于打破原有的固化思维，勇于突破常规，不畏挑战，敢于尝试新的解决方案。他的这种创新精神正是集团公司倡导的节能降耗发展理念的具体体现。李冬凉的做法着眼于实际生产，为特种车辆维修节能开辟了新的道路。

　　李冬凉的创新做法不仅解决了除冰车的故障问题，还体现了技术创新与节能降耗的理念。这一成功案例成了公司内部经验分享和借鉴的经典案例，为类似问题的解决提供了有益的参考和启发。这一案例也鼓励了更多员工在工作中勇于创新、寻求突破，不断发掘节能降耗的新途径。

　　经过多年不懈的努力与执着追求，李冬凉以其卓越的工作表现和多项出色创新成果，于2016年荣获了全国五一劳动奖章。五一劳动奖章是全国总工会为了奖励在社会主义各项建设事业中做出突出贡献的职工而颁发的荣誉奖章，是中国工人们向往的最高奖项之一。当李冬凉站在领奖台上，手中捧着那沉甸甸的奖章，身上佩戴着鲜艳的红绶带，他仿佛置身于一个梦幻般的世

⊙ 李冬凉获得的全国五一劳动奖章证书

界，久久无法回神。激动之情逐渐平复后，他深知这份荣誉背后所承载的，是为民航事业不懈奋斗的崇高责任，以及党和人民对他寄予的深厚期待。这个时刻，李冬凉更加清晰地认识到自己的使命与责任。同时，这份嘉奖也极大地激发了他继续奋发向前的决心。他立志要在自己的领域内继续精耕细作，追求卓越，不断取得新的突破和佳绩，为民航事业的发展贡献更多的力量。

防碰撞自动刹车装置

机场地面保障特种车辆是专为特种设备航空器提供地面服务的可行走的负载特种车辆。驾驶员在对接航空器的实际作业中常常会遇到一些困难和挑战。首先，由于特种车辆与航空器的高度差异，驾驶员在操作时往往难以准确判断特种车辆与航空器之间的距离，容易发生视觉上的判断失误。其次，在操作过程中，驾驶员需要参考多个因素，如目视视觉、宽度视觉、目测距离等，以适应对接航空器不同位置的特殊角度，这进一步增加了操作的复杂性和风险。最后，驾驶员在操作特种车辆时需要密切接触航空器，所以一旦发生判断失误或操作不当，就可能导致特种车辆与航空器的刮碰，造成严重的安全事故。

⊙ 李冬凉在制作防止车辆碰撞航空器的自动刹车装置专用零件

李冬凉一直在思考如何解决这些问题。经过深思熟虑，他设想了一个解决方案，给车辆安装一个防碰撞自动刹车装置，这个装置能够通过传感器和控制系统监测并识别特种车辆与航空器之间的距离，一旦距离过近且存在碰撞风险，即自动触发刹车系统，就可以避免碰撞事故的发生。

有了这个想法后，李冬凉开始着手实验。他首先收集了相关的技术资料和参考文献，了解了现有类似装置的工作原理和使用方案。

他先将防碰撞自动刹车装置安置在一辆传送带车上，可是接收器安在哪里呢？总不能安在航空器上吧，万一哪一天驾驶员忘记收回接收器，就极易造成FOD事件。

FOD即可能损伤航空器的某种外来物质、碎屑或物体，如金属零件、防水塑料布、碎石块、报纸、瓶子、行李牌等。FOD带来的危害非常大，许多案例都表明，机场路面上的外来物质很容易被吸入发动机中，导致发动机失效；如果FOD堆积在机械装置中，就会影响起落架、机翼等设备的正常运行，它们不仅会损坏飞机，造成巨大经济损失，甚至会酿成极大的安全事故。

想到这里，他不禁冷汗直流，最终他否定了将接收器安装在航空器上的想法。经过一番思索，他想到了一个巧妙的办法：将接收器改为手持遥控器，由指挥人员携带。当特种车辆接近航空器时，如果驾驶员无法及时刹车，指挥人员便会迅速按下遥控器，发出信号使车辆被动刹车。

经过反复试验后，防碰撞自动刹车装置研发成功，该装置装有特殊的电源开关（点火开关）。打开电源开关，通过导线接通电控高压液压常开控制阀，当车辆在正常行走时，防碰撞自动刹车装置就处于待工作状态；当车辆对接航空器，遇到紧急情况，驾驶员在规定距离不能及时停车时，安装在对接航空器最近接触点的触碰开关、红外线测距探头发出停车信号。指挥人员可以手持遥控器发出停车信号，将电控高压液压常开控制阀关闭，以防止刹车油倒流回刹车油壶。此时，储气瓶上连接的电控排气阀门打开，高压气体瞬间排出，通过气管推动气动刹车分泵导杆，推动液压刹车泵工作。高压液压油通过单向阀与原刹车分泵连接就能实现紧急刹车，达到防止碰撞航空器的目的。

防碰撞自动刹车装置可防止驾驶员在规定距离不能及时停车，导致特种车碰撞航空器的情况，大大降低了类似事故发生的概率。

改进传送带车六面消杀设备

2020年12月，机场地面服务部除了保障航班正常运行外，又多了一项重要任务，那便是做好机场疫情防控设施设备的维护与完善，筑牢疫情防控安全防线。

传送带车消杀装置作为防控期间货邮行预防性消毒设备，这一装备的使用对降低病毒传播起到至关重要的作用。为了进一步落实好"人物同防"的要求，李冬凉创新工作室对传统传送带车消杀装置进行了改造。

传送带消杀装置自投入使用以来，经历了多次提升改造，从设备材料使用、喷头设计更换到设备遮挡帘材质的变更，李冬凉创新工作室从保障实践中发现问题、解决问题，逐步完善了传送带车六面消杀装置的功能。

2022年8月，夏日炎炎，在烈日的照耀下消毒液短时间内便会产生结晶，结晶后则极易造成喷头堵塞。传送带车司机在执行每日航班保障前，首先要做的事就是拿一根细针，一个孔一个孔地对喷头进行疏通。

有一天，李冬凉到现场巡查，正巧遇到正在疏通消杀设备的传送带车司机云巴图。李冬凉问："最近喷头堵得严重吗？"

云巴图说："消毒液差不多每一个半小时就会产生结晶。"李冬凉看了看消杀设备，又看了看云巴图的手说："戴好手套。"

云巴图憨笑着说道："戴手套不方便疏通。"

李冬凉叹了口气就急急忙忙地朝着工作室走去，他决心一定要将消毒液易结晶的问题解决。

回到工作室后，他立即组织团队展开头脑风暴，想办法、提

⊙ 李冬凉给为机场传送带车研制的行李、货物六面消杀设备做密封处理

建议、找材料、测效能。有人建议先从消毒液入手，李冬凉分别使用自来水、纯净水、蒸馏水配比成不同比例的消毒液，再将它们放置在固定位置进行观测，反复数次，得出使用蒸馏水配比的消毒液不易发生结晶的结论。

他又将一台传送带车六面消杀设备从放置桶、管道到蓬头全面更换，确保每一个细节都尽善尽美。随后，他将这台焕然一新的车辆投入实际工作中，经过为期一周的严密测试，工作室的同仁们一致认为此方案切实可行。于是，他带着整理完备的资料，急匆匆赶往呼和浩特机场地面服务部。抵达后，他迅速找到服务部的分管领导，将改进项目的详情进行了详尽汇报。领导听完后，对此项目十分认同，并在半月会上敲定了此方案。

在呼和浩特机场地面服务部的大力支持下，蒸馏水提取设备及相关配件一件件送到了李冬凉工作室。

从接收设备那一刻起，李冬凉便亲自挂帅上阵，督促工作人员对传送带车六面消杀设备进行改造。短短一周时间，传送带车六面消杀设备就全部更换完毕。

对设备的升级不仅降低了一线工作人员的工作强度，更重要的是能够确保每一趟国际航班、中高风险航班所运输的行李、货物得到全方位的消杀，降低感染风险。

小发明助力大防控

　　为了有效做好疫情防控，内蒙古民航机场集团地面服务分公司坚定不移地进行一线防控工作，保障广大乘客和员工的健康为己任。同时，公司鼓励所有干部职工在做好日常防护的同时，积极发挥聪明才智，集思广益，将一些小创新、小妙招、小发明应用到一线疫情防控工作中，有效提高疫情防控工作的效率和质量。

　　在这一号召下，公司的广大干部职工积极响应，纷纷结合实际工作场景，提出了许多创新的防控措施和方法。有的员工提议利用环境消毒设备对使用频率较高的区域进行定期消毒；有的员工想到通过改良密封材料，减少污染物进入客舱的可能；还有的员工提出了利用无接触式测温仪对乘客和员工实施快速体温检测等智慧举措。这些小创新、小妙招和小发明的应用，不仅提高了防控工作的效率和精准度，更为公司的疫情防控工作增添了一份智慧。

　　管理人员在一线岗位排查时发现，值机柜台是旅客和员工需

⊙ 李冬凉在工作室赶制疫情防控隔离面具样板

要近距离沟通的小环境，值机员作为与旅客直接接触的一个重要岗位人员，具有接触人员多、接触距离近等特点。如何降低一线职工被飞沫传播感染病毒的风险，是此时的重中之重。

李冬凉想到新发布的机场疫情防控技术指南中有这样一句提示"建议在安检柜台加装隔离屏"，这句话使他深受启发。于是，李冬凉创新工作室又开始紧锣密鼓地制作值机柜台防护屏了。

工作室的同志们通过实地测量与绘制图样，连续赶工6小时，将首个防护屏投入值机柜台试用，收效甚好。后来此项小发明还逐步被推广到了货运等其他岗位。

节能环保移动厕所

随着航空业的蓬勃发展，呼和浩特机场进出港航班架次逐年增多，工作人员保障压力增大，高峰时段不能及时上厕所成了员工们面对的新问题。

2012年和2014年，特种车辆技能大赛都是在呼和浩特机场举办的，比赛地点就位于2号机坪。为了解决参赛人员、观众以及相关工作人员的如厕问题，组委会用围挡将整个2号机坪围了起来，并租赁了两台可移动厕所，其中一台的租赁费用高达4万元。

　　面对高昂的租赁费用和竞赛期间的如厕难题，李冬凉开始琢磨着自行制造一台可移动厕所。如果研制成功，不仅可以解决机场人员在大型活动期间如厕的问题，还能够极大地节省租赁费用，为机场和其他举办单位节约成本。

　　为了实现这一想法，李冬凉进行了详尽的调研，积极搜寻合适的材料与设备，最终他把目光锁定在了一台即将报废的清水车上。目标确定之后，他迅速召集工作室成员将自己的想法向大伙儿说明。

　　工作室成员孙凌波想了想说道："造一台可移动厕所简单，可是想要把它放在机坪上，必须满足三个条件。"

　　李冬凉饶有兴趣地问道："什么条件？说出来大家一起探讨。"

　　孙凌波说："首先，要保证通风，要不然大夏天根本进不去人；其次，是能，在机坪上不能随意拉管线，会加大安全风险，而水和电是可移动厕所的必备条件，所以要考虑节能问题；最后，美观，若是太过丑陋，就算做出来，也放不到机坪上，毕竟机坪也是一个城市的门面。"

　　李冬凉说："通风的问题好解决，将水箱开个天窗和侧窗就行了，美观也好解决。大家一起来探讨一下，如何做到节能。"

　　工作室成员整整讨论了一天，在反复几次提出想法、否定、改进后，大家最终定下了一套可行方案。

　　方案定下后，李冬凉便拿着材料去找地面服务部领导汇报，

⊙ 李冬凉在废旧材料仓库寻找制作移动厕所冲洗水箱的材料

领导对他提出的节能环保移动厕所很感兴趣，便同意让他立项，并督促他尽快完成节能环保移动厕所的创新工作。

在节能环保移动厕所技术和安全条件允许的前提下，他将已经报废的清水车改装后进行再利用。将清水车水罐进行了外部改造，车顶部分，他巧妙地布置了太阳能发电板，这些发电板在捕捉阳光的同时，源源不断地为车内设施提供清洁电能，确保了移动厕所的用电独立自主。而车内部，装了泡沫封堵蹲便器。这种蹲便器不仅具有显著的节水效果，还能有效吸附并中和厕所内的异味，为使用者营造清新的如厕环境。通过科学规划泡沫封堵蹲便器与太阳能发电板的空间布局，不仅最大限度地节约了车厢内的宝贵空间，还确保了整个移动厕所结构的稳固与平衡。巧手匠心之下，原本的水罐焕发出了全新的功能。

从讨论到立项再到第一台可移动厕所问世，李冬凉带领他的团队仅用短短两个月时间便完成了。李冬凉在准备手续时，才发现一个漏洞，没考虑到报废车辆无法向呼和浩特机场飞行区管理部申领车牌。

没办法，这台可移动厕所制作完成后就只能一直停放在李冬凉工作室的大院内。直到有一天，地面服务部的一位工作人员给李冬凉打电话咨询道："李师傅，那台可移动厕所还能用吗？闭环区那边需要一台可移动厕所，以解决工作人员如厕难的问题。"

　　最初设计移动厕所是为了解决夏季旺季时期员工在远机位保障航班的如厕难题，但此时正是冬季，移动厕所无法很好地满足冬季的使用需求。李冬凉想也没想便说："没问题，这两天就调试完。"之后，他立刻起身赶工，大年初三也没休息，仅用一天的时间便对厕所进行了功能升级，加设了保温设备，让移动厕所很快投入使用。

⊙ 李冬凉在办公室

第五章　生生不息，春风化雨

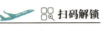

扫码解锁

◉群英颂歌 ◉双料大师
◉筑梦航空 ◉奋斗底色

劳模精神进学堂

2020年，李冬凉怎么也没有想到，自己一个函授大学生，能得到内蒙古机电职业技术学院的青睐，邀请他走进校园去做报告。接到邀请函以后，李冬凉感到十分荣幸，他开始思考，自己能为这些青年人传授些什么呢？

一次讲座时间太短，要讲修理技术恐怕连皮毛都讲不到。经过深思熟虑，李冬凉决定改变自己以往的授课方式，将重点放在"德行"教育上。

回顾自己几十年来的工作经历，李冬凉明白道德修养在一个人的成长过程中多么重要。优良的道德品质不仅影响着一个人的言行举止，更与对待他人和社会的态度息息相关。基于这点认识，他决定以自己的亲身经历和感悟为例，向人们强调德行的重要性。

在做讲座时，李冬凉动情地分享了自己的成长轨迹，细数了与师傅相处的那些珍贵时光，讲述了师傅对他的深远影响，以及他从中领悟到的道德准则。"万事德为先，尤以师为重。"他的话语掷地有声。一个人若无德，受害的只是自己；而若老师无德，受害的则是一群人。

李冬凉以身作则，引导学生们思考什么是真正的德行，以及如何去培养和展现这些宝贵的品质。他深信，良好的德行不仅能让人终身受益，还能够帮助同学们建立积极向上的社会关系，甚至有助于推动社会的和谐与进步。通过强调"德行"教育，李冬凉期望孩子们能够深刻理解，精湛的修理技术固然重要，但更为关键的是塑造健全的人格与树立正确的价值观。他希望通过自己的讲述和亲身示范影响年轻一代，并引导他们成为有德行、有责任心的人。

在讲座的尾声，李冬凉慷慨分享了民航人深植内心的"三个敬畏"：敬畏生命、敬畏规章、敬畏职责，并深入阐述了这三者间不可或缺的关联。他言辞恳切地强调："无论未来你们将投身何种职业，都应怀揣敬畏之心。敬畏并非胆怯，反而，它是智慧的表现，显示了你对规则的尊重与理解。"

在劳模颁奖会上和这次的劳模走进学堂活动中，李冬凉与众多劳模结下了深厚的友谊。无论在工作岗位上还是日常生活中，他们彼此相互激励、共同进步，时刻散发着正能量，感染着身边的每一个人。这些劳模们以自身的真实经历为墨，书写并传播着劳模精神和工匠精神的华彩篇章，他们默默奉献，不求回报，只愿用那份矢志不渝的信念，为后来者照亮前行的道路，指引他们勇往直前。

老骥伏枥，志在千里

2022 年 6 月，呼和浩特机场将特种车辆业务外包。已经准备退休的李冬凉又被北京中联地面服务公司聘请，邀请他担任北京中联地面服务有限公司内蒙古分公司特车项目部副经理。他的工作内容是特种车的维修和保养，确保机场交接的 163 台车辆平稳运行。

61 岁的李冬凉精神矍铄，步履矫健，作为行业内的资深专家，他每天依然坚持在机坪与工作室之间来回穿梭，巡视着每一处细节，观察着每一个可能出现问题的地方。只要发现问题，就一头扎进实验室搞研究，并提出整改方案。

负责人心疼他，每每看到他大热天里汗流浃背还在坚持工作，时常劝说他注意休息："师傅，大热天的您歇一会儿，一些小问题就交给徒弟去做，您就别亲自跑了。"

李冬凉说："我可不敢歇，既然公司聘请我，我就必须对这份工作负责，况且我热爱特车，喜欢钻研，若是不亲自前往现场，亲眼见证实验数据，我又怎能有所创新，为团队带来新的突破呢。"

负责人说："您老要是累坏了，那岂不是我们的一大损失？"

李冬凉拿起挂在脖子上的毛巾抹了一把汗，笑了笑说："臭小子，我还没老呢。"

岁月无情催人老，六十载风霜雨雪，让李冬凉的青丝悄然化作银发。尽管李冬凉已经退休，但他的创新精神却依旧炽热，李冬凉创新工作室依旧在传承与发扬。他坚定地说："虽然我人已退休，但工作室的使命不能终止，反而要继续前行，而且要越做越好！"

去年，工作室进行了一次成员更新，吸纳了几名新成员，他们来自不同的部门，拥有各自的专长和技能。李冬凉期待着他们的加入，能够为工作室的创新之路注入新的活力。他希望工作室的创新能够不仅仅局限于技术创新，更能拓展到管理创新、科技创新等多个领域。

在李冬凉看来，创新不分学历高低，只要有心、敢于钻研，只要有敢于面对挑战、不畏碰壁的精神，就能在各自的岗位上创造出惊人的成绩，为社会贡献自己的力量。

空港工匠劳模宣讲活动

2022 年 8 月 19 日下午，在"奋进新征程　建功新时代——内

⊙ 李冬凉在"奋进新征程　建功新时代——内蒙古机场集团劳模工匠大
讲堂"活动现场，分享奋斗历程

蒙古机场集团劳模工匠大讲堂"活动现场，集团公司 11 位空港工匠走出工作岗位，走上宣讲台，结合自己的工作经历和成长感悟，用朴实的语言分享了一个个执着坚守、匠心筑梦的奋斗故事。

在宣讲活动的开篇，李冬凉着重强调了"三个敬畏"，他言辞恳切地说："今日在座的各位，大多是民航的同仁。作为民航人，我们应当深记并践行'三个敬畏'。"此言一出，现场报以热烈的掌声，可见"三个敬畏"已深深烙印在每一位民航人的心中。

随后，李冬凉深情地与大家分享了他的成长轨迹与多年的人生智慧。他动容地说："我一直坚守着'做一行，爱一行'的信念。年轻时，我热衷于机械维修，将其视为一种乐趣。然而，随着岁月经验的积累，我逐渐领悟到，这份热爱并非仅仅源于兴趣，更多的是一种源于内心的安全意识。在地质队的日子里，我锻炼出了精湛的修车技艺。那时，我深恐冬日里车辆在荒郊野外熄火，因为一旦车辆无法启动，我们所有人都将长时间滞留野外，面临严寒的侵袭。投身民航业后，我依然保持着创新的精神。这并非仅仅因为我热爱探索与思考，更是安全意识驱使我不停地寻找解决方案。无论是应对新老学员的培训及复训挑战，还是解决车辆与航空器对接的安全问题，抑或是应对疫情防控的艰巨任务，我都深知民航人心中那份敬畏与责任，它不断地激励我勇往直前。"

支线机场专题讲座

随着修理技术的不断提高，李冬凉在内蒙古机场集团各支线机场常年奔波。除了开展专题讲座，积极弘扬正能量，他更主要的任务是"传帮带"，对各支线机场的特种车辆驾驶员和维修工人进行技术性指导和培训。

作为一名技术专家，李冬凉将自己积累多年的修理技术经验和知识运用到了实际工作中。他致力于帮助特种车辆驾驶员和维修工人提高技术水平，与他们分享最新的修理技术理念和实践经验。在现场工作中，李冬凉更愿意与他们一起实际操作，指导他们解决遇到的问题，教授修理技术和方法，帮助他们提高维修工作效率和质量。

在指导过程中，李冬凉十分注重动手操作和示范，耐心传授技术要点和注意事项。他还经常邀请学员参与实际维修工作，鼓励他们动手实践，帮助他们更好地掌握和运用技术知识，并通过这种方式，不断激发他们的学习热情和进取心，帮助学员不断提升专业技能。

李冬凉经常奔波于各机场之间，进行培训指导工作。每当各机场引进新的除冰车时，他总会不辞辛劳地走访集团下的几乎所有航站，逐台、逐部件地细心调试，有时在寒冷的室外一站就是四五个小时。

有一年冬天，支线机场的一台除冰车发生了故障，严重影响了机场的正常运营。为尽快恢复正常秩序，机场管理部门紧急联系了专业技术人员前来检修。然而，尽管技术人员竭尽全力进行排查，却始终未能找到问题的根源所在。对于机场而言，如果除冰车在工作季节不能投入使用，将会造成严重的后果，产生巨大的经济损失。

机场负责人再三询问技术人员能否在规定时间内完成检修工作，技术人员摇了摇头说："我从业这么多年，从未遇到过这样的状况，我已将信息传回总部，近期应该会得到回复。"

机场负责人只好将此事件上报集团，集团随即派出了"老将"李冬凉前去支援。

接到消息后，李冬凉即刻出发，在路上就给负责人打电话询问了具体情况。听完以后他心里也没底，毕竟是专业技术人员都无法解决的问题。但李冬凉不是轻易认输的人，几个小时的航班飞行后，他来到了现场，机场负责人让他先休息，吃口饭。

李冬凉却说："还是先去现场看看情况吧，要不然哪有心情吃饭。"

　　来到现场后，李冬凉熟练地检查除冰车的每一个部位，大约过了一个小时，得出的结果和专业技术人员几乎一样。

　　这可难住了李冬凉，但他不想认输，又反复对故障点进行检查，最终他发现，当开启除冰车罩时，光线摄入除冰箱内部，就会出现故障，若是将盖子盖上，故障灯就会恢复。

　　他将发现的情况与技术人员进行交流，技术人员说：“怎么才能解决这个问题呢？毕竟光线怎么都会照进来。”

　　李冬凉想了想，对机场负责人说：“找人帮我买一瓶黑色的自喷漆。”

　　负责人和技术人员听完后很不解，李冬凉故作神秘道：“等会儿你们就知道了。”

　　过了一会儿，黑色自喷漆买回来了，李冬凉拿着自喷漆来到除冰车旁，将自喷漆喷在传感器罩盖子上，阻挡了光线的传播。

　　果然，喷完自喷漆后，故障灯瞬间熄灭了。技术人员忍不住竖起大拇指：“您真厉害，太佩服您了！”

　　李冬凉说：“客气了，现在咱们一起研究剩下的问题吧，毕竟除冰车马上就要投入使用了。”

　　技术人员点了点头，便和李冬凉共同进行检修，有了李冬凉的帮助，除冰车检修进度快了许多，待车辆修好后，机场负责人握着李冬凉的手说：“您真不愧为大师，这么难的问题，一瓶自喷漆就解决了。您多留几天，也帮我们特车司机指导一下工作。”

这样的话，李冬凉每次出差都会听到，而他也乐于留下来帮助他们解决问题，因为不管分散在哪处分公司，大家都在为民航事业奋斗着，能为这份事业出力，他心甘情愿。

师者，所以传道受业解惑也

人们常说："师傅领进门，修行在个人。"李冬凉却不完全认同，用他的话来说："学手艺易，正心难。"他带徒弟不光是传授他们技术，最重要的是告诉徒弟们要正心。

李冬凉一直非常重视人才培养，他带领工作室成员进行发明创新，完成了对特种车辆的一系列改造，培养了很多优秀人才。2007 年，当电源车需要大修时，维修商给出了 19 万元的维修报价，然而李冬凉带领团队自主维修，只花费了 8 万多元。2009 年，FMC 牵引车发动机出现故障时，维修商要价很高，但李冬凉带领团队只花费了很少的费用就修好了。2009 年至 2011 年间，地面服务分公司和包头机场需要为 4 辆旅客摆渡车加装空调，厂商给出了每辆 27 万元安装费的报价。然而李冬凉带领团队自行安装，每辆摆渡车的改造费用仅用不到 10 万元，总共节省了近 60 万元的费用。这些改造工作不仅降低了运行安全隐患，升级了设备的同时还节省了维修成本，促进了公司的发展，使公司服务质量得到了显著提高。

在人才培养方面，李冬凉采取的是个性化的培养模式。他为工作室的每位成员量身制订了专门的培养计划，充分将成员的个人发展目标与工作室的工作目标相结合，使员工在完成工作室各项工作的同时，个人能力也能够得到提升。

他注重发掘每个成员的潜力，鼓励他们在工作中进行思维创新和实践，不断提高自己的技术和实践水平。同时，李冬凉也为成员们提供专业的指导和培训，帮助他们掌握新技术和新知识，提高工作效率和质量。

作为一名领导者，李冬凉注重团队氛围的营造，他鼓励成员之间互相学习，积极合作，通过协作和分享经验，促进团队成员之间进行良好互动，从而提高整个工作室的协同效率和团队凝聚力。经过他的努力，工作室成员们树立了蓬勃的创新意识和强大的团队意识，他们在工作中不断突破自我，取得了显著的成绩。李冬凉的培养计划提高了工作室的整体创新能力和业绩表现，为公司培养了一支技术过硬、团结协作的专业团队，促进了公司的可持续发展。

在他的培养下，工作室成员孙凌波和李晓伟不但特种车辆驾驶的理论知识得到了很大的进步，实操技能也首屈一指。

孙凌波现任北京中联地面服务公司特车项目部负责人，先后

⊙ 孙凌波（右三）和李晓伟（左四）参加2014年中国民航航空器地面设备职业技能竞赛闭幕式

被聘为呼和浩特机场地面服务部内训师、内蒙古机场集团内训师、内蒙古民航特种车辆培训学院实践操作指导教师以及首都机场集团有限公司内训师。

2014年，孙凌波被民航工会授予"金牌员工"，他积极参与李冬凉创新工作室及部门技术改造的各项工作，先后参与了可移动航空模拟器的制作、除冰车吊车支架改造、清水车消毒防冻装置等项目，其中可移动航空模拟器项目获得了首都机场集团公司科技创新三等奖。

2018年，孙凌波直接参与了自治区以及首都机场集团两级航空地面设备操作技能竞赛的方案制定、理论试题库的组建、竞赛场地规划设置等相关工作。在他的带领下，团队包揽了自治区级5个奖项的全部15块奖牌，首都机场集团级团体第一，综合成绩前三名及其他单项一、二等奖。其中一名选手获得了内蒙古自治区五一劳动奖章，三名选手获得了首都机场金牌员工荣誉称号，两名选手获得了全国民航技术能手荣誉称号。

李晓伟则在2014年9月举办的首届中国民航航空器地面设备职业技能竞赛中获得了综合第二名，牵引车单项奖第一名的优异成绩，他时刻向李冬凉看齐，工作中踏实肯干，不断创新，荣获了"全国民航优秀青年岗位能手""全国技术能手""金牌员工""全国民航五一劳动奖章""民航安康杯竞赛先进个人"等荣誉称号。

刘利强是李冬凉创新工作室的首席内训师，他为人正直、特种车辆驾驶技术过硬，每次新员工入厂培训时，他都毫无保留地将自己所学的知识倾囊相授。2022年，呼和浩特机场特种车辆业务外包，刘利强并未转岗，但他仍全心全意培训新学员，继续传递薪火。

他始终记得李冬凉对他说的话："做什么事情都要存有敬畏之心，民航人就要敬畏生命、敬畏规章、敬畏职责。"他培训新员工时兢兢业业，尽心尽力，就如同当年李冬凉培训他一样。

像李冬凉一样的民航人，一代代薪火相传，守护着祖国蓝天的安全与秩序，为建设民航砥砺前行。

北疆工匠，精神永传

李冬凉先后被授予内蒙古民航机场集团先进生产工作者，中国民用航空局安康杯竞赛先进个人，内蒙古自治区总工会、内蒙古自治区文明办职工职业道德建设先进个人等称号，获得了内蒙古自治区劳动竞赛委员会职工技术创新成果二等奖，中共内蒙古自治区委员会、内蒙古自治区人民政府授予的内蒙古自治区劳动模范以及全国"五一劳动奖章"等荣誉。

2019年11月12日，由内蒙古自治区总工会、内蒙古自治区党委宣传部和内蒙古广播电视台共同举办的"2019年度'北疆工匠'发布暨颁奖典礼"在内蒙古广播电视台隆重举行，内蒙古民航机场集团地面服务分公司李冬凉获评"北疆工匠"称号。

2019年度"北疆工匠"评选活动自启动以来，进行层层推荐，共确定了85名候选人，涉及煤炭、电力、冶炼、食品、教育等行业。经过宣传、推荐申报、审核、答辩、公众投票、终选、发布7个阶段，李冬凉在内蒙古330多万产业工人中脱颖而出，成为2019年度12名"北疆工匠"中的一员。在颁奖典礼现场，李冬凉现场展示了航空模拟器样机的功能、应用前景，详述了在制作过程中破解重重困难的历程，展示了民航人平凡工作背后非凡的工作业绩和对匠心精神的执着坚守。

身负荣誉，肩负责任，已过花甲之年的李冬凉，依旧如常，倾尽全力，全身心地投入到工作之中。

他深情地表示："我也曾想过退休了过安逸的生活，然而当了半辈子民航人，总觉得心中有一份未竟的事业。既然这样，那就让我继续投身于民航业，奉献出我那份虽微小却坚定的力量吧。"

李冬凉从来不计个人得失，以实际行动当好了特种车辆工作者的"楷模"。他勤于学习、率先垂范。他十分重视知识的更新，充分利用业余时间和集中学习的机会，不断加强对民航业务理论知识的学习。

经过长期工作的磨砺，他逐渐养成了细心谨慎、周密严谨的

⊙ 李冬凉在"北疆工匠"发布暨颁奖典礼现场

工作作风。他不仅在工作中尽职尽责，更在业余时间刻苦钻研技术，不断提升自己的业务能力。

　　李冬凉对工作积极负责，对技术精益求精。他古道热肠，对员工关怀备至。他以身作则，带头实干，在平凡的岗位上创造了不平凡的业绩。他真正体现了一名共产党员的先锋模范作用，成为了大家学习的榜样。

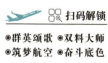

扫码解锁

◎群英颂歌　◎双料大师
◎筑梦航空　◎奋斗底色